그림책으로 만난
어린이 세계

아홉 살 방구석 그림책
수다에 낀 엄마 성장기

그림책으로 만난 어린이 세계

강영아 지음

푸른칠판

추천의 글

옷장 문을 열고 아이들을 따라 들어간 엄마 이야기

    C. S. 루이스의 『나니아 연대기』는 한 아이가 옷장 문을 열고 들어가면서 시작된다. 그곳에서 아이들은 악의 세계를 지배하는 하얀 마녀와 온화한 사자의 모습을 한 왕 아슬란을 만난다. 집으로 돌아온 아이들은 이제 그전의 아이들이 아니다. 그들은 세계대전 이후의 피폐한 삶을 살아갈 용기와 지혜와 사랑을 품은 존재가 되어 돌아왔다.

    이 책을 쓴 '먼지'는 또다시 도래한 재난의 시대에 아이들에게 옷장 문이 있는 방을 제공한 어른이다. 일주일에 한 번 열리는 방구석 그림책 모임에서 먼지는 간식을 챙겨 주고 책을 읽어 주곤 했는데 어느새 옷장 문을 따라 들어간 아이들과 함께 마법의 세계로 들어가게 되었다. 그곳에서 아이들은 놀랍게도 독창적인 우정의 세계를 만들어 내고 있었고 그 세계를 보게 된 먼지는 이 책 곳곳에서 환호성을 외치며 우리를 초대하고 있다.

 지혜로운 엄마들은 알고 있다. 험한 시대가 오고 있지만 책과 친한 아이는 세상을 잘 살아 낼 것이라는 사실을! 마법의 세상을 오가는 아이들은 세상을 뒤집어 보고 놀려도 보면서 새로운 세상을 열어 가는 길을 찾아낼 것이다. 디지털 세상이 암울하다 해도 책이라는 가장 오래된 버추얼리얼리티(가상 세계)와 친해진 아이는 가상 세계와 현실 세계를 오가며 자신만의 세계를 만들어 갈 수 있을 것이다. 그러니 집 어딘가의 방구석을 내주는 것에 인색하지 마시라. 옷장 문을 열면 열리는 책의 세계를 아이들에게 선물하시라.

 책의 세계는 고독과 고립의 세계가 아니다. 맛있는 간식이 있고, 생각과 느낌을 나눌 친구들이 있고, 보이지 않는 축복의 손길이 있는 세계다. 그곳에서 아이들은 자신의 가슴을 부풀게 하는 것이 무엇인지, 자신은 어떤 매력을 가진 존재이며 평생을 통해 누구와 어떤 것을 하고 싶은지를 알아 가게 될 것이다. 초등 3학년 나이에 『동의보감』의 세계를 발견하고 허준 선생님을 스승으로 모시는, 이 책에 등장하는 방구석 그림책 모임의 '유비'처럼 말이다. 아픈 사람을 도와주고 싶은 유비는 방구석 그림책의 세계를 통해 어떤 악몽 같은 세상이 와도 세상을 헤쳐 나갈 경험과 용기와 상상력을 내면에 장착시켰다. 재난이 지속되어도 좀비가 되지 않고 잘 살아갈 수 있는 놀라운 무기도 갖게 되었다. 육아휴직을 한 고등학교 교사이자 쌍둥이와 조카와 이웃집 아이들을 돌보는 강영아 선생님 덕분에 우리는 이 책을 통해 다섯 명의 아이들이 만들어 가는 놀라운 마법의 세계를 엿보는 행운을 잡을 수 있게 되었다.

그러니 아홉 살 즈음의 아이를 둔 엄마들이여, 망설이지 말고 이 책을 읽으시라. 기후 위기, 팬데믹 위기, 전쟁의 위기, 불안과 고립의 세계를 극복해 가야 할 '신인류 세대'에게 필요한 것은 경쟁에서 살아남는 단련이 아니라 깨져 나가는 현실 너머를 볼 수 있는 '파상력'이다. 여타 생물체와 공존하는 감각과 AI가 만들어 내는 가상 세계의 흐름을 감지하며 메타 시스템을 만들어 내는 능력이다. 그러니 노심초사하기보다 아이들이 만들어 갈 놀라운 신세계에 초대될 엄마 찬스를 활용하시라. 아이를 선물로 주신 신께 감사하고 우리가 상상하기 어려운 낯선 세상으로 비상 중인 어린이 세계에 초대받고 싶다면 방구석 그림책 프로젝트를 시작하시라. 즐거운 길잡이가 되어 줄 친절한 이 책을 벗 삼아!

— 조한혜정(손자의 옷장 문을 가끔 열고 들어가 보는 할머니, 문화인류학자, 연세대 명예교수)

추천의 글

어른을 기운 나게 하는 어린이책 모임

  독서교육을 공부하는 교사 모임에 있다 보니 학부모에게 자녀 독서교육을 강의해 달라는 의뢰를 종종 받는다. 그 자리에 가면 많은 부모들이 자녀의 공부에 얼마나 마음을 졸이고 있는지를 보게 된다. 자녀가 잘되기를 바라는 부모에게는 기대와 불안이 함께 있다.

  거기서 내가 듣는 말들은 이렇다. 우리 아이가 특정한 분야의 책만 편중해서 읽어요, 큰아이는 책을 잘 읽는데 작은아이는 잘 읽지 않아요, 독서를 잘해야 나중에 공부를 잘한다는데 독서 학원에 보내야 할까요? 책 읽기 수준이 떨어지는데 본인만 몰라요, 책을 빨리 읽는데 읽고 나면 기본 줄거리 이외에 세부 내용을 기억하지 못해요.

여기에 나는 "책 모임을 꾸리세요. 또래 아이들과 이야기를 주고받으며 아이들은 잘 커 갑니다."라고 답변을 하곤 한다. 어린이가 책을 읽고 이야기하는 것을 부모가 보기에는 부족하게 느껴져 아쉬워할 때가 많다. 그런 부모의 말에 어린이는 묘하게 시선을 허공에 두고 멍한 표정을 짓는다. 이때 어린이에게는 '어른이니까 어린이보다 당연히 잘 읽지 어쩌라는 거야' 하는 마음이 있는 것이다. 아이를 잘 가르치고 싶지만 마음처럼 되지 않는 것 같아 답답한 게 부모 마음이다.

사람은 누구나 또래나 자신과 비슷한 처지의 사람들 이야기는 무척 그럴듯하게 들리고 귀에 쏙쏙 잘 들어온다. 그래서 어린이들이 나이 차가 위아래로 두세 살 정도인 또래들과 함께 책을 읽고 이야기를 나누는 모임을 가지면 좋다. 어린이들도 함께 이야기 나누다 보면 다 안다. 누가 똑똑한지를, 누가 재밌게 말하는지를, 누가 말할 때 자기 마음이 더 편안해지는지를 말이다. 그 사이에서 어린이들은 자기보다 나은 친구를 보며 더 잘하려고 노력을 한다. 자기보다 재미나게 말하는 친구를 보면서 재치 있게 말하는 법을 배우려 한다. 자기 마음을 편안하게 해 주는 친구를 보고는 다른 사람들을 어떻게 대해야 하는지 어렴풋이 알게 된다.

어린이책 모임을 꾸리는 것은 부모가 자녀에게 해 줄 수 있는 수준 높은 사랑의 실천이다. 다만, 세상의 좋은 것이 모두 그렇듯이 어린이책 모임이 좋다고 알고 있고 말하기는 쉬워도 실제 행동으로 옮기려면 큰 번거로움을 감수해야 한다. 부모가 자기 시간을 내서 어린이들과 함께하며 어떤 책을 골라서 어떻게 읽을지 머리를 쓰고, 어린이들 마음을 짐작하고 어린이 언어로 대화해야 하기에 힘이 든다. 비용을 지불하고 어린이 독서교육을 시켜 주는 사교육에 맡기면 편할 텐데 왜 굳이 부모가 동네 어린이들을 데리고 불편하게 직접 책 모임을 할까? 이 책을 읽다 보면 그 답이 독자의 내면에서 서서히 차오르는 것을 느끼게 될 것이다.

자녀 독서 모임이 꼭 필요하다고 주장하는 글이야 이미 많지만, 동네 어린이들과 책 읽기 모임을 한 과정을 오밀조밀 기록한 글은 아직 드물다. 이 책은 귀한 기록이고, 사회적으로도 가치 있는 지적 자산이다. 이 기록에는 네 가지가 나온다. 어린이들 일상에서 중요한 여러 가지 사건이 나오고, 그 사건과 관련된 어른의 어릴 적 경험이 회상되고, 그 사건과 관련해서 읽고 이야기 나눌 만한 책이 추천된다. 이어서 그 책을 읽고 어린이들이 어떻게 대화를 나누었는지가 소개되고, 그 대화 속에서 어른이 한 생각이 덧붙여진다.

이 네 가지 중 특히 독자를 사로잡는 것은 어른이 지나온 어린이 시절의 경험이다. 이 부분은 영화처럼 생생해서 종종 글에 빨려 들어간다. 예를 들면 초등학생 시절 친구의 약점을 잡아 놀리기를 좋아하던 친구가 어느 날 컴퍼스로 동그라미를 그리고는 "네 얼굴 닮았지."하는 말에 책상에 엎드려 울려는 어린이라니! 어른들이 보기에 별거 아닐지 몰라도 당사자인 어린이에게는 가만히 있을 수 없는 사건이다. 부모의 직업을 말하기 어려워하던 장면도 나오는데 갈비 집 사장님이라고 썼다가 뭔가 맘에 들지 않아 요식업으로 고쳐 쓰고 좋아하는 어린이의 모습에서는 가슴이 짠하다. 이 책은 자녀 교육과 무관하게 세상살이에 지친 어른이 읽어도 잠시 현실을 잊고 이야기 속으로 들어갔다 나올 만하다. 그렇게 이야기 속으로 들어갔다 나오면 몸이 개운해져 현실의 피곤한 일도 잘해 낼 기운이 조금은 더 생길 것 같다. 이 책을 읽다 보면 알게 될 것이다. 어린이들과 함께 책 모임을 하는 것은 어른이 어린이를 위해 시간을 보내는 일이 아니라, 어린이와 어른 모두가 함께 정서적으로 풍요롭게 그 시간을 누릴 수 있는 일이라는 것을 말이다.

글 마지막 부분에 길지 않게 들어가 있는 생각거리도 매력이 있다. 스스로 '있다'고 느끼면 남이 인정해 주지 않아도 흔들리지 않는다는 말에서는 '아, 그렇구나!'라고 바로 공감했다. 어른의 가르침이 어린이들의 호흡과 어긋나는 지점을 알아채는 순간도 있다. 「엄마의 역주행」을 보면 이긴 사람과 진 사람이 없는 체육대회를 소개한 책을 읽고 나서 책 모임 어린이들과 경쟁하지 않는 협력 놀이를 했는데, 그다음 어린이들이 "얘들아, 우리 이제 진짜 놀자."고 했다는 부분에서는 웃음이 터졌다. 협력 놀이는 공부였으니까 어른에게 맞춰 준 것이고 그게 끝났으니 평소 어린이들끼리 하던 대로 놀자는 말이었다. 하지만 다 괜찮다. 가르치는 사람의 의도가 성공과 실패를 반복하면서 교육은 조금씩 이루어지는 것이다.

이 책을 다 읽고 나면, 참 좋은 어린이책이 많구나 싶다. 줄거리가 소개된 책 중에서는 어른들이 읽어도 좋을 만한 책들이 꽤 있다. 초등학생 자녀가 있는데 어떻게 독서 지도를 해야 할지 고민인 부모님들에게 말씀드린다. 이 책에 소개된 책들을 꼭 한 번씩은 읽어 보시라고 말이다. 한두 권씩 손에 잡히는 대로 집어들고 읽다 보면 언제부터인가 아이도 따라 책을 읽을 수 있다. 아니면 아이의 손을 잡고 도서관에 가서 책을 찾아보는 것도 좋겠다. 특히 육아휴직을 하고 자녀교육을 어떻게 할지 고민하는 부모라면 이 책의 방구석 그림책 모임과 같은 책 모임을 해 보시기를 권한다. 아마도 아이는 평생 동안 어린 시절의 부모와 동네 친구들과 함께한 책 모임을 따뜻하게 기억할 것이다. 그 기억에서 마르지 않는 물줄기처럼 창의적인 발상을 얻으며 잘 살아갈 힘을 얻을 것이다. 이렇게 어른과 어린이들이 함께한 책 모임을 기록한 글이 우리 사회에 아주 많아지기를 바란다.

- 송승훈(전국국어교사모임 독서교육 분과 물꼬방 회원)
https://blog.naver.com/wintertree91

차례

추천의 글_4
프롤로그_16
방구석 그림책 어린이들_20

**안녕! 아홉 살,
방구석 그림책**

노란 봉고차와 어린이_27
그림책의 짝사랑_33
정말 읽고 있는 걸까_38
우정과 환대의 공동체_44

**스스로
꽃이 된
봄**

영심이와 순무_53
엄마의 역주행_59
너는 학원 몇 개야?_66
자기만의 서사를 발견하는 일_74
할머니의 김밥_81
기억의 방식_88

**진짜 세상을
배울 기회**

우정과 포유류 사이_97
훌쩍거리며 읽었어요_104
약방의 감초와 동의보감_110
친구가 왜 좋은지 알아?_118
행복을 꿈꾸는 마음_126
개미 떼의 습격_133

짙어진 계절, 깊어진 우리	해질 녘, 다도의 시간_143
	가을 소풍과 콜라의 맛_149
	그냥 나답게_155
	왜 저한테 묻는 거예요?_161
	0표와 남부반장 선거_167
	갈비 집 사장님과 철물점 주인_174
부쩍 자라난 마음들	성급해진 홍콩할매귀신_185
	김장철과 읽기 독립_191
	엄마도 한번 읽어 보세요_199
	시간이 멈추는 공간 문방구_207
	짜장 맛 떡볶이와 고추장 맛 떡볶이_214
우정으로 가꾼 책의 정원	어느 날, 가정통신문이 왔다_223
	아홉 살이 된 엄마들_229
	엄마의 책방_234
	여름 콩국수의 맛_242

에필로그_247

프롤로그

어린이들의 그림책 수다에 낀 엄마 관찰기

돌이켜 보니 놀라울 정도로 학교를 떠나 있던 적이 별로 없다. 부모님의 손을 잡고 학교에 입학한 그날부터 길고 긴 배움의 터널을 지나 대학교 졸업 날 학사모를 쓸 때까지 학교는 늘 나의 곁에 있었다. 어느덧 교사가 되어 입시의 문턱에 있는 학생들과 배움의 과정을 관통하며 그곳에 있다. 참 오래도록 학교에 있구나 하고 느끼는 순간 어느덧 자녀들이 초등학교에 입학했다. 학교와 잠시 안녕 해야겠다고 생각했다. 그 안녕이 새로운 시작의 안녕임을 확인하는 것은 오래 걸리지 않았다. 가르치는 사람에서 배우는 사람으로 바뀌기만 했을 뿐 여전히 나는 학교의 곁에 있다.

여유롭고 싱그러워야 할 초등 1학년 어린이들의 삶은 그리 녹록하지 않았다. 교문 틈으로 새어 나오는 어린이들의 긴장감과 설렘을 고스란히 느낀다. 어린이들의 삶은 급행버스처럼 다들 쉬지 않고 달린다. 어느 정류장에 서지 않아도 좋으니, 창밖을 내다보지 않아도 좋으니, 목적지에 빠르게 도착하기만을 요구받는다. 그 모습을 보며 어떻게 어린이들의 곁에 있어야 할까 고민했다.

　언젠가 복직을 하고 다시 학교로 돌아가야 하는 애매한 사람이 엄마들 사이에서, 어린이들 사이에서 가까스로 끼어 지낸 이야기를 담았다. 그 안에서 나의 존재감은 우주 속 티끌과 같아서 스스로 '먼지'라는 별칭을 붙였다. 세상 위에서 유유히 흘러가게 되는 방법을 배웠다. 과거와 미래를 드나들며 흘러가는 방법도 배웠는데 놀 궁리, 먹을 궁리하며 읽을 궁리하는 심심한 시간을 함께 보내는 것이야말로 어른이 어린이에게 줄 수 있는 선물임을 알았다. 어린이들과 함께 성장하는 엄마의 삶도 담았는데 엄마라는 세계에 발을 담그며 생겨났던 미묘한 엄마들의 감정선부터 견고한 배움의 공동체로 거듭나기까지의 유쾌한 이야기를 살폈다.

『그림책으로 만난 어린이 세계』에 놀기도 해야겠고 그림책도 읽어야 했던 어린이들의 그림책 수다를 엄마의 렌즈로 관찰한 이야기를 남겼다. 그림책의 목록은 엄마들이 어린이들의 시선에 맞게, 리듬에 따라 골랐다. 매주 금요일 저녁 시간에 '유비'와 '풀꽃'네 집에 모여 미리 정한 그림책을 친구들과 함께 읽었다. 방문을 두드리는 어린이들의 두 손에는 늘 간식 봉지가 들려 있었는데, 어린이들은 엄청난 집중력으로 봉지 안 간식을 꿰뚫어 보았다. 맛있는 간식이 짠! 하고 모습을 보이면 그날 책 읽기는 순항하겠다는 감각도 생겼다. 처음에는 의욕이 앞서 예리하고 적확한 눈으로 어린이들에게 교훈을 주고 가르치려 했다. 하지만 첫 모임에서 단번에 알았다. 내 이야기가 길어질수록 어린이들의 싱그러운 이야기는 줄어드는구나. 아, 그냥 어린이들 사이에 끼어 수다를 떨면 되는구나 하는 것을.

　예감했다시피 이 책에는 독후 활동이나 그림책에 대한 교훈이 담겨 있지 않다. 다른 책에서 흔히 볼 수 있는 초등학생 권장 도서나 추천 도서 목록도 없다. 재밌는 그림책을 통해 아홉 살 어린이들에게 서로 자라나고 남겨지는 것들에 대한 단상을 담았다. 책을 읽으며 독자들이 어린이들의 세상을 읽고 되살아나는 어린 시절의 시간을 충분히 만끽하길 바란다. 어린이들의 수다로 재미와 웃음의 기운을 머금고 유년 시절에 읽었던 책 한 권을 떠올려 보면 좋겠다. 그때를 떠올리며 지금, 우리 아이들은 과연 재밌게 책과 만나고 있는지 살펴볼 일이다.

  간식을 먹느라 손이 바쁘고 수다를 떠느라 입도 바쁜 시간이 지나 석양빛을 함께 보며 놀 궁리를 하던 어린이들의 맑은 눈빛을 기억한다. 온 마음을 다해 노는 어린이들을 통해 행복한 마음에 가닿는 방법도 배웠다. 방구석 그림책 모임을 통해 우리가 진정 무엇을 갈망했는지 어린이들을 통해서 깨닫는 배움의 여정에 초대하고 싶다. 어린이들의 마음처럼 탁월한 포착이 아닌 따뜻한 혜안으로 진정성 있게 그림책을 만나 보길 바란다.

2022년 봄, 강영아

방구석 그림책
어린이들

"어린이들과 함께 달려 보자.
진정 놀랍고 신기한 풍광을
보게 될 수 있다."

 풀꽃

세상에 감탄할 줄 아는 풀꽃은 별것 아닌 조그마한 일에도 자주 감동한다. 자연에 경이로움을 표현할 때가 많은데 산책할 때 더없이 행복하다. 꽃밭을 그냥 지나치지 않고 꽃말을 이어 말한다. 아름다운 표현이 내면에 가득하다. 풀꽃의 생각과 글을 아주 좋아하는 엄청난 팬인 나는 풀꽃이 꽉 쥔 연필의 모습을 닮아 보려고 애쓴다. 연필을 꽉 잡은 고사리손에서 성의와 성실을 느낀다. 다음 날 체육 시간이 있을 땐 경건하게 잠자리에 들고 아침 일찍 일어나 컨디션 조절을 한다. 그 모습이 유일무이하고 사랑스럽다.

 유비

책과 재밌게 놀 줄 알고, 친구의 마음에 가닿을 줄 아는 너른 품성을 가졌다. 시간의 느낌도 알아챈다. 어느 날, 동네 극장에서 재밌는 영화를 보고 저녁 식사를 하는데 '오늘 하루는 참 무안했어.'라고 유비가 되뇌었다. 하루가 무안했다는 표현이 무안해서 물어보니 '하루는 짧고 노는 건 즐거운데 끝이 있어야 한다'며 철학적 설명을 덧붙였다. 삶의 무안해지지 않도록, 노는 데 진정성을 더하도록 심신을 단련하고 있다.

 순무

순무에게 말을 걸어 보면 대화를 계속하고 싶어진다. 재밌는 영감이 마음속에 가득한 어린이다. '엉뚱하다'고 말하기에는 그 형용사가 순무의 가치를 다 담지 못한다. 그보다 더 숭고한 무언가가 있다. 무언가 일이 잘 안 풀리고 마음이 울적할 때 순무에게 물으면 어떤 대답을 줄까 궁금하기도 하다. 진지한 문제 및 상황을 간단히 정리하는 마술을 부릴 줄 아는 어린이다.

안개

포슬포슬한 머핀을 좋아하는 안개는 생머리를 찰랑거리며 빵 봉지를 들고 오는 모습이 가장 익숙하다. 이야기해 보자고 할 때에도, 글을 써 보자고 할 때에도 가장 먼저 손을 들어 주변 친구들까지 손을 들게 만드는 에너지를 가졌다. 다짜고짜 손드는 건강한 자신감과 맛있는 빵 앞에서 빙그레 웃는 유순함을 가졌다. 낭독을 하면 고개를 끄덕이며 맞장구를 쳐 주는 안개의 모습을 보면서 저절로 고갯짓을 하게 된다.

 제갈량

어떤 때는 영혼이 공중 부양을 하고 있나 싶을 정도로 앉아서 오랜 시간 책을 붙잡고 있다. 그러다 이름을 부르면 개그맨 표정을 하고 방긋 미소를 짓는다. 심오함과 유치함의 경계를 넘나들며 곁에 있는 사람을 들었다 놨다 한다. 웃기지만 슬픈, 슬프지만 웃긴, 이런 별 상관없는 여러 개의 상황이 한꺼번에 이루어질 수 있구나 하는 것을 제갈량을 통해 느낀다.

먼지

방구석 그림책 모임을 시작할 때 즈음, 달리기를 시작한 어른이다. 달리기를 시작할 때만 해도 어린이들이 왜 달리는지 이해할 수 없었지만 제법 달리는 어른이 되자, 어린이와 어깨를 나란히 하고 달릴 수 있는 충족감이 생겼다. 달릴 때만 볼 수 있는 그림책 같은 풍광을 어린이들이 매번 느꼈을까 생각하니 이제라도 참 잘 달렸다 싶다. 얼마만큼 자기 자신을 즐길 수 있는지에 대해 고민하며 우주를 부유하고 있다.

안녕! 아홉 살, 방구석 그림책

노란 봉고차와
어린이

긴 겨울방학이 시작되었다. 아이들이 유치원을 졸업하고 초등학교 입학 직전에 놓인 나른한 시간이었다. 지인들이 권장한 대로 아이들의 초등학교 1학년 시기에 맞추어 육아휴직을 한 나는 좀 비장했다. 분명 비장하기는 한데 무엇을 해야 할지 모르는 상황. 글러브를 끼고 링 위에 올라 워밍업을 하는데 상대가 나타나지 않아 혼자 허공에 잽을 날리고 있는 형국이었다. 12년 교육과정의 첫 단추, 학업에 대한 고민도 짙었다. 무엇부터, 어디서부터 해야 할지 몰랐다. 놀이터에 나가면 주변 사람들과 모여 이런저런 이야기꽃을 피우게 되는데, 그 중심에는 학부모들 사이에서 노련하다고 입소문이 난 엄마가 있었다. 이제 막 초등 고학년이 된 아들과 저학년 딸을 키우고 있는 분이었다. 어느 날, 그 엄마에게 막연함을 토로하며 조언을 구했다.

"이제 아이들이 초등학교 1학년이 되는데, 무엇부터 해야 할지 모르겠어요."

"음…… 무엇보다 입학 첫날부터 가야 할 학원 먼저 세팅해 놓는 게 좋아. 그래야 아이들이 단번에 적응하지. 아! 어떤 학원은 입학 첫 주에 적응시켜 준다고 미리 보내라고 하니까 잘 알아봐. 일단 학원 시간이 정해지면 중간에 비는 요일이 없게 학교 방과후수업을 세팅해 놓고. 학원에서 학원으로 픽업이 가능한지도 물어보고, 중간에 뜨는 시간 없도록 학원 시간표를 잘 봐야 돼. 1학년이니까 일단 영어 학원을 보내고 미술 학원과 피아노 학원, 마지막 일과로 태권도 학원을 보내면 좋더라고. 운동은 제일 마지막에 넣어야 힘 빠지지 않더라고. 집에 오면 6시쯤 되니까 퇴근 시간이랑 딱 맞겠네."

"아, 저 휴직했어요. 퇴근 시간에 안 맞춰도 돼요."

"음, 그렇구나. 그래도 학원 안 보내면 뭐 하게?"

"……."

  혼이 쏙 빠졌다. 선배 엄마의 체계적이고 확신에 찬 답변을 듣고 한없이 쪼그라들었다. 그렇게 쪼그라든 채로 놀이터를 빠져나왔고 진지하게 생각하는 계기가 되었다. 교사로서 나름의 교육철학을 가지고 배움에 있어서 학생들에게 좋은 영향력을 끼치기 위해 노력해 왔다. 양육자의 교육철학도 그것과 크게 다르지 않다고 생각했고 배움의 품에서 벗어나지 않는다고 생각했다. 배움의 철학이 뿌리 내리기 시작하는 초등학교 시절을 급류 타듯 흘려보내기는 싫었다. 뾰족한 대안은 없었지만 모든 결정을 천천히 내리자고 생각하며 겨울방학을 지냈다.

  첫 수업을 받던 날, 유비와 풀꽃, 제갈량은 설레는 마음과 두려운 마음을 안고 교실로 들어갔다. 점심을 먹고 하교를 한다는 계획표를 보고 시간에 맞추어 아이들을 데리러 갔다. 교문 주변에는 학부모들이 많았다. 어린이들이 나오는 시간에 맞추어 기다리고 있는 사람은 나 말고도 너무 많았다. 어린이들이 나오자 첫 수업에 대한 이야기를 간단히 나누고 서둘러 손을 잡고 노란 봉고차를 태워 주었다. "영어 학원 차니까, 이 차를 타면 돼."라는 다정한 설명을 덧붙이며 다시 한 번 손을 흔드는 어린이와 엄마들의 모습이 눈에 들어왔다. 연이어 교문을 나와 노란 봉고차 안으로 들어가는 어린이들의 뒷모습을 봤다. '순식간에 적응을 시켜야 한다'던 놀이터에서 만난 엄마의 말이 맴돌았다.

초등 입학식 첫날의 하교 풍경을 이리저리 살펴보느라 유비와 풀꽃, 제갈량이 나온 줄도 몰랐다. 내 옆에 책가방들이 쪼르르 놓여 있었다. 아이들은 약속이라도 한 듯 책가방을 내던지고는 이미 운동장 한가운데에서 놀고 있었다. 첫 수업이 어땠는지, 선생님과 친구들과 재밌는 일이 있었는지 등등 궁금한 것이 많았는데 교실 속에서의 긴장감을 벗어던지며 공기 중의 자유를 온몸으로 느끼고 있는 아이들의 표정을 보니 짐작이 되었다.

노란 봉고차 안으로 들어가는 어린이들의 뒷모습, 운동

장 가운데를 가로지르는 어린이들의 모습을 보며 방과 후의 일상을 어떻게 배열할지 고민이 깊어졌다. 방과 후 일상에 학원을 보내는 것이나 안 보내는 것이나 어느 쪽도 선명해 보이지 않았지만, 아이들에게 봄빛을 받으며 운동장을 가로지르면서 놀 자유를 주어야겠다는 생각을 했다.

얼굴에 봄빛을 머금고 들어온 아이들은 에너지가 충분히 발산되었는지 책에 심오하게 빠져들기도 했다. 아이들에게 친절하고 쉽게, 직접 가르쳐 주는 사람이 없자 스스로 거칠게 배워야겠다는 생각이라도 한 듯 책의 바다에 빠져 허우적대기도 했다. 뭉텅이 시간을 확보하고 맛있는 간식을 옆에 놔 주며 나는 곁에 있어 주었다. 한 박자 늦추어 모든 결정을 미뤄 둔 사이, 하루의 심심한 시간이 자리 잡혀 갔고 어느덧 봄이 지나고 있었다.

제주의 길을 산책하다가 '차츰차츰'이라는 선흘분교의 교훈을 본 적이 있다. 주로 '멀리 날아, 높게'라는 교훈을 듣고 자란 어른들의 마음에서 효율성과 배움은 어쩌면 함께 어우러져 춤출 수 없는 가치인지도 모르겠다. 배움이라는 가치는 효율로만 가닿을 수 없다. 다각도로 세상을 배워야 하는 어린이들에게 쓸모와 유용성을 지나치게 생각하는 어른의 마음이 커다란 벽처럼 느껴질 수도 있다. 아이들에게 유희하는 마음을 내주어야겠다고 생각했다. 나도 유희하는 마음으로 정형화된 초등학생의 삶을 변주하고 싶었다. 그 곁에 우정과 환대의 공동체를 꾸려 그림책, 햇살을 받으며 놀기, 친구, 간식이 함께 어우러지면 좋겠다고 생각했다.

그림책의
짝사랑

'짝사랑'이라는 단어를 좋아한다. 어릴 적 쉽게 짝사랑에 빠졌고, 그 안에서 짝사랑의 가뿐함과 지난함을 모두 잘 알게 되었기 때문이다. 사소한 점에 매료되어 쉽게 사랑에 빠지기도, 수월하게 사랑에서 빠져나오기도 했다. 사람만 짝사랑하는 것이 아니다. 사물을 짝사랑하기도 하고 장소를 짝사랑하기도 한다. 같은 장소를 여러 번 가거나 같은 책을 여러 번 읽으면 이곳이, 이 책이 나에게 흠뻑 빠졌구나 하며 수동과 능동을 바꾸기도 한다. 그럴 때면 머쓱했던 내 안의 감정이 산뜻해졌다. 나는 한동안 그림책을 짝사랑했다. 어린이들과 함께 읽으려고 연결했던 그림책에서 감동받고 치유받으며 황홀한 시기를 맞기도 했다. 나르시시즘에 머무르기에도 그림책은 참 좋았다. 아이들을 키우며 자라나던 엄마의 자아를 보듬고 위로하는 친구로도 그만이었다. 마음속 깊은 곳에 있는 내 감정을 찰떡같이 알아주는 그림과 감정이 담겨 있는 책에 빠져 있는 동안 아이들로부터 의아한 눈빛을 받은 적이 있었다. 아이들은 "엄마가 느끼는 그 감정을 저희는 못 느끼겠는데요?"라며 눈빛으로 이야기했다. 그림책에게 내가 위로받고 사랑에 빠져 있을 때 아이들은 꾸어다 놓은 보릿자루처럼 있을 때가 많았는데 그때는 그것을 모르고 지나갔다. 내가 짝사랑에 빠져 있었기 때문이다.

그림책은 한결같이 어린이를 가리켰다. 나는 그림책을 짝사랑했고, 그림책은 어린이를 짝사랑했다. 대가 없는 사랑을 어린이에게 바친다. 가끔 그림책의 사랑을 앞질러 그림책과 어린이를 만나게 하는 어른들의 모습에 무안할 때가 있다. 어린이와 그림책을 성급하게 만나게 하는 어른의 시선 속에서 그림책이 전하는 이야기가 어려워질 때도 있고 매서워질 때도 있고 전해지지 않을 때도 있다. 환대의 과정으로 어린이와 그림책이 우정을 쌓아 갈 수 있도록 바라보면 좋겠다. 그림책과 어린이가 무턱대고 서로를 좋아하도록 그대로 두면 좋겠다. 어른은 그 곁에서 절제하는 짝사랑으로 그림책과 어린이를 바라봐 주면 좋겠다.

　어린이들의 삶은 그림책과 닮았는데 그림책은 늘 어린이들의 삶을 비춘다. 어느 날 잠을 자려고 누워 아이들과 그날 있었던 일을 주고받는데 갑자기 유비가 "엄마, 저 오늘 싸웠다요." 라며 무심하게 이야기했다. 하교 후 놀이터에서 놀다가 붕어빵을 먹고 귀가하기로 했던 단정한 흐름에 싸움이 낄 틈이 있었을까 싶어 물었다. 한편으로는 싸우느라 늦게 들어왔구나 생각하며 왠지 흥미진진할 것도 같았다.

　"어디서 싸운 거야?"
　"붕어빵 차 앞에서요."

　다 듣기도 전에 웃음이 새어 나왔지만 애써 참으며 이야기를 들어 보았다.

　하교 후 친구들과 신나게 놀던 유비와 제갈량은 붕어

빵을 사 먹으려고 근처 붕어빵 차에 갔다. 다섯 개를 주문해 놓고 기다리는데 작년 같은 반이었던 친구가 학원 차를 기다린다며 붕어빵 차 앞에 왔다. 약간의 서먹함을 느꼈는지 그 친구는 유비에게 딱밤을 먹였다. 유비는 얄궂게 행동하지 말라고 이야기했지만 '딱밤 친구'는 좀처럼 귀담아듣지 않았다. '딱밤 친구'가 버겁게 느껴지던 찰나, 옆에 있던 제갈량이 '딱밤 친구'를 한 대 쳤다. 이에 질세라 '딱밤 친구'도 제갈량을 한 대 쳤고 당황한 유비와 다른 친구들이 말렸지만 이미 돌이킬 수 없는 상황이 펼쳐졌다. 붕어빵 아저씨는 붕어빵을 굽느라 싸우지 말라고 소리쳐 이야기할 수밖에 없었다. 그 소리가 어린이들에게 들릴 리는 만무했다. 그때 학원 차가 왔고 '딱밤 친구'는 유유히 떠났다. '딱밤 친구'가 떠나는 모습을 보며 허망했던 찰나, 갓 구워 김이 폴폴 나는 붕어빵을 보니 유비와 제갈량의 얼굴빛이 환해졌다. 붕어빵에 들어 있는 팥이 그날따라 참 달았다. 그길로 회포를 풀자며 놀이터에 가서 한바탕 더 놀고 들어왔다.

'딱밤 친구'와 붕어빵 차 앞에서 일어난 일을 엄마에게 소상하게 전해 주는 유비였다. 마치 어디서 읽었던 그림책의 한 장면 같았다. 가만히 기억을 더듬어 보니 비슷한 일화가 나온 그림책들이 서서히 떠오르면서 '어린이들의 삶이 그림책이구나.'라고 생각했다. 분했던 감정이 단팥에 녹아 버리고 다시 놀아야겠다고 생각했던 어린이들의 결의는 어디에서 나온 것일까? 다음의 시간을 낙관하고 기대하는 마음으로의 회복은 그림책을 통해 기를 수 있는 것이 아니라, 이미 어린이들의 마음속에 있는 것 같았다. 실패나 장애물도 재미 혹은 낙관으로 비켜날 수 있는 어린이들의 마음을 되새기니 생기가 차올랐다.

 '딱밤 친구'와 싸움을 하고 저녁노을을 머금고 집으로 돌아왔던 유비와 제갈량의 복숭아 뺨이 떠올랐다. 어느새 손에 있던 붕어빵도 사라지고 더 이상 분함도 없는, 놀이 자체에서 느끼는 순간의 해방감과 기쁨을 몰고 집으로 돌아왔던 거다. 놀이를 마치고 남아 있는 거 없이 싹 비워져 후련한 상태가 되듯, 그림책을 읽고 나서도 후련한 상태가 되면 좋겠다. 그림책을 읽으며 주인공과 우정을 쌓으며 분함도 느끼고 해방감을 느끼는, 내일을 기대하는 마음을 가져 봤으면……. 넘어지고 뒹굴고 배우며 전진하는 그림책 속의 작은 존재들처럼 말이다.

정말 읽고 있는 걸까

　　　　　　　그날은 6월 25일이었다. 하굣길에 제갈량이 "오늘 우리 반에서 재밌는 일 있었다요."라고 말했다.

　재밌는 일이 매일 넘쳐나는 어린이들이라 나는 조금 시큰둥하게 반응했다. 제갈량은 묘한 웃음을 지어 보이며 이어 말했다.

　"담임선생님이 6·25 전쟁에 대해서 이야기하시더라고요. 70년 전에 6·25 전쟁이 일어난 날이라고요. '너희들이 그 당시의 남한의 대통령이라면 어떻게 했을 것 같아?'라고 질문했어요."

"오, 담임선생님께서 6월 25일을 잊지 않고 계기 수업을 하신 거구나."

시큰둥했던 나는 재미의 촉이 생겨 귀를 활짝 열었다. 옆에서 듣고 있던 유비와 풀꽃도 궁금한 듯 반 친구들이 뭐라고 대답했냐며 재차 물었다. 제갈량은 '스파이가 되어서 북한에 미리 가서 정보를 캐 오겠다. 북한의 수장을 만나 대화를 통해 해결하겠다. 핵무기를 만들어서 북한이 옴짝달싹 못하도록 하겠다.'라는 반 친구들의 대답을 전해 주었다. 그 순간 유비와 풀꽃과 나는 동시에 물었다.

"제갈량은 뭐라고 했는데?"
"저요? 음……."

제갈량이 뜸을 들였다. 반에서 유머를 담당하고 있던 제갈량이었기에 우리는 모두 큰 웃음을 터뜨릴 준비를 하고는 집중했다.

"저는 '북한이 쳐들어올 때 거문고를 타고 있을 거예요.' 라고 이야기했죠."

웃을 대목은 아니었다. 숨이 깔딱 넘어갔다. '거문고라……?' 하며 기억을 더듬고 있는데 가만히 듣고 있던 유비와 풀꽃이 이야기했다.

"삼국지에서 제갈공명이 사마의司馬懿의 전략을 이야기했구나!"

"오~ 역시, 역시!"

대화의 모습을 보고 있자니 어린이들의 이야기와 세상살이의 맥락을 보는 눈이 꽤 선명하다고 느껴졌다. 다시 교실 속 상황으로 돌아가 선생님이나 반 친구들은 제갈량의 이야기에 어떤 반응을 했는지 물었다. 반 친구들은 말도 안 되는 소리 그만하라고 했고, 담임선생님은 별다른 반응 없이 넘어갔다고 했다. 아쉬움과 안타까움이 한꺼번에 몰려왔다.

앉은 자리에서 학습만화 수십 권을 거뜬히 읽어 내며 지식에 대한 부심을 표출하는 어린이라 해도 교과서를 제대로 못 읽는 경우가 더러 있다. 문제 풀이는 기가 막히게 잘하는데 말귀를 알아채지 못하는, 듣는 귀가 없는 어린이들은 더 많아지고 있다. 인스타그램으로 정보를 얻고

유튜브로 지식을 만들어 가는 요즘, 이제는 더 이상 종이책을 보지 않아도 되는 세상이 온 줄 착각하는 어른들과 어린이들이 있다. 이런 세상살이에서 흔히 '리터러시 literacy'라고 하는 '문해력'이 화두다. 별다른 노력 없이 세련된 플랫폼에서 체계적으로 문해력을 관리해 준다는 문구도 심심치 않게 볼 수 있다. 많은 부모들이 합리적인 교육 소비자가 되고자 애쓰고 있을 때 이런 문구를 보고 있으면 그보다 최적의 대안이 없을 것 같은 생각에 클릭을 하고 진지하게 선전 문구를 읽어 내려가는 행위에 걱정이 앞선다. 수많은 사교육 시장이 그렇듯 '문해력'이라는 키워드가 또 하나의 공포에 사로잡혀 단계와 절차만 있는 문해력으로 변질되기까지 얼마 안 남았다는 생각이 들어서다. 문해력을 '문해력'이라는 영역에 가두려 할 때 더욱 중요한 문제를 방기하게 된다는 점은 분명히 말할 수 있다. 어린이들의 입장에서 살펴본다면 영어나 수학, 과학처럼 '문해력'이라는 학원 하나가 더 늘어난 셈이니 말이다.

'문해력 literacy'이란 text와 text 사이의 context를 살피는 역량이자 타인의 세계를 이해하는 능력이다. 다시 말해, 글의 내용에 자신의 경험과 배경지식을 연결하고 추론하고 질문할 수 있는 능력을 말한다. 내가 생각하는 문해력은 'becoming 할 수 있는 능력'이다. 책에 나와 있는 주인공에게, 혹은 책을 쓴 작가에게로 becoming 할 수 있는 마음의 품, 지성의 깊이다. 그렇기에 '문해력'은 '소유'의 영역이 아니라 '누림'의 영역으로 봐야 한다. 우리가 세상과 자연을 소유할 수 없듯 문해력도 세상을 누리고 자연을 누리는 것과 같다. 그런 측면에서 학원을, 프로그램을, 과외를 선택하는 탁월한 능력을 지니기보다는 책 읽기와 삶의 관계를 성찰하고 이를 바탕으로 어린이와 소통하는 어른이 되어야 한다. "방과 후 시간을 어떻게 보내야 할까, 방학에는 어떤 캠프에 보낼까?"라는 질문 앞에서 주저앉지 말고 책 읽기와 언어로 세상을 어떻게 잘 누릴 수 있을지를 어린이와 함께 고민해 나가는 풍경을 만들어 가야 하지 않을까?

그래서 우리는 더 재미있는 어른이 되어야 한다. 공포로 조성된 체계화된 책 읽기에 어린이도 어른들도 많이 지쳤다. 선행 만능주의 배움의 세상에서 어른들은 단계와 절차를 만들어 놓고 그 길을 따라가라 한다. 이 책을 읽으면 저 책을 읽어야 하고, 저 책을 읽으면 그 책을 읽어야만 하는, 어른들이 세팅해 놓은 배열에서 어린이들은 어떤 즐거움을 향유하고 재미를 느낄 수 있을까.

  어느 날, 어린이들이 책을 읽다가 낄낄거리고 있는 순간이 생길 것이다. 그럴 때 비장하게 준비해 두었던 독후 활동지를 꺼내지 않아야 한다. 어른들의 독서 모임에서 재밌게 책을 읽고 이야기를 나누고 있는데 모임의 리더가 독후 활동지를 꺼낸다고 상상해 보자. 갑자기 자리를 박차고 나가고 싶을 것이다. 어린이들은 자리를 박차고 나갈 용기가 없어 허망한 두 눈으로 바라보는 것뿐이다. 어린이들이 낄낄거리며 재밌어 하는 순간이 오면 어른들은 옆에서 더 낄낄대며 책에 집중하자. 문해력은 재미에서 비롯되며 재미는 becoming 할 수 있는 힘을 준다.

  아이들이 지금 누리고 있는 활자들과 함께 놀아 보려고 삼국지를 다시 펼쳤다. 병법 36계 중 32번째인 공성계가 눈에 들어왔다. 거문고를 탄다던 제갈량과 유비, 풀꽃의 대화에 나도 끼어들어 수다 좀 떨어 보고 싶어 집중해서 한 장 한 장 읽어 나갔다. 아이들이 학교에 간 틈을 타 얕은꾀를 냈다. 그렇지 않으면 36계 즐행랑을 쳐야 할지도 모르기 때문이다.

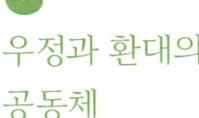
우정과 환대의 공동체

여느 때처럼 어린이들은 동네 놀이터에서 신나게 놀고 있었다. 마침 퇴근 후 시간 여유가 생겼는지 풀꽃 친구의 엄마도 나왔다. 반가운 마음에 한달음에 달려가 인사를 했다. 홀로 놀이터에 나와 어린이들이 노는 것을 볼 때, 말벗이 옆에 있다는 것은 참 신나는 일이기 때문이다. 게다가 풀꽃의 같은 반 친한 친구 엄마라니, 운이 좋았다.

일과 육아를 병행하는 것이 힘들지는 않은지, 저녁 반찬은 무엇을 해 먹는지, 주말에 뭐 하고 놀 건지, 한참 재밌게 수다를 떤다. 이렇게 수다를 떨고 있으면 놀던 어린이들이 엄마들 곁으로 다가와 무슨 이야기를 하는지 궁금해 하며 머물다 가기도 한다. 가끔 이런 엄마들의 모습을 흐뭇하게 바라보는 어린이들의 눈빛을 보기도 한다. 어린이들끼리 더 잘 놀수록 엄마들의 수다 내용도 진해지고 다양해지는데 마침 학업에 대한 이야기가 나왔다.

"언니, 풀꽃이는 학원 어디 다녀요?"
"아직 안 다녀."
"아니, 그럼 아무것도 안 해요?"
"아무것도? 음……. 학원은 안 다니는데, 책은 재밌게 읽고 있어."
"아, 책! 우리 애도 책 좋아하는데 책을 읽을 시간이 없어요."

보통은 여기까지 대화가 이어지면 대강 긍정적 추임새로 마무리하고 다른 주제의 이야기를 한다. 다음 이야기를 끌고 나가기가 여간 어려운 게 아니다. 배움을 바라보는 견해가 상황과 시간에 따라 달라서 논쟁으로 끝날 여지도 있고 자식 자랑 대잔치로 끝날 여지도 있다. 이럴 땐 어린이들의 우정을 위해 대화를 마므리하는 편이 낫다.

하지만 풀꽃과 친한 친구이고, 엄마들끼리도 친해지는 우정이 있기에 그날은 거기서 머무를 수가 없었다.

"책 읽을 시간? 그건 진짜 제일 먼저 챙겨야지."
"어떻게 하면 좋죠?"
"학원들 가지치기를 해야지. 자고로 가지치기란 밑동을 후려치고 진짜 필요한 것부터 가지를 붙이는 건데, 그것이 참 어렵지!"
"아, 진짜 학원 뺄 것이 없는데…… 아이가 좋아해서 다니는 거라……."
"보통 아이들이 좋아해서 다니는 거라고 하는데, 왜 좋은지 물어봐. 대개는 '그냥 좋아서'일 거야."

이렇게 불편한 이야기를 하는데 귀 기울이고 들어 주는 엄마라면 서로의 결이 비슷비슷한 거다. 풀꽃 친구의 엄마는 함께 고민하고 방법을 찾아보고 싶다고 했다. 그래서 용기 내어 물었다.

"근데 말이야, 아이가 책 읽는 거 좋아하지? 그럼 친구랑 읽으면 더 좋지 않을까. 내가 계속 생각하던 것이 있는데……."

"우리 집에 일주일에 한 번 정도 책 읽으러 아이가 올 수 있을까?"

"수업하시는 거예요?"

"아니야, 수업이라기보다는 함께 책을 읽는 건데 아직 정해진 것은 없어. 하겠다는 사람이 없어서 말이지."

"언니! 글쓰기도 같이 해요?"

"아니, 뭐 간단히 독서록 정도 써 볼까? 에이, 몰라. 그냥 휘뚜루마뚜루 해 보려고! 학원처럼 실력이 늘거나 아이들이 확 달라지거나 그렇지는 않을 거야. 적어도 함께 책을 읽으며 재미와 행복은 느낄 수 있다. 그건 확실해."

"하하하, 그럼 같이 해 보고 싶어요!"

대놓고 책을 읽는 능력이 늘거나 글 쓰는 실력이 늘지는 않을 거라고 호언하는데도, 귀중한 시간을 빼서 함께한다는 것은 고민이 된다. 결과의 확신이 아닌 과정의 이해를 살피지 않으면 어려운 일이다. 경험과 과정을 귀하게 여기며 응원해 주는 엄마가 옆에 있다면 그것 역시 행운이라고 말할 수 있다.

그렇게 함께할 사람을 한 명, 두 명 모아 나갔다. 지속 가능한 책 읽기 모임을 만들기 위해서는 결이 비슷한 사람이 모여야 하기 때문이다.

함께하는 친구들과 엄마들의 반응이 따뜻했다. 자연스럽게 풀꽃과 유비에게도 의사를 묻고 좋은 반응에 힘을 얻어 시작했다.

'방구석 그림책' 모임은 아홉 살 어린이 너덧 명과 함께 사계절을 함께했다. 매주 금요일 저녁 시간에 모여 미리 정한 그림책을 같이 읽고 간식을 먹으면서 수다를 떨었다. 미리 정한 그림책은 한 달 전 즈음에 주제와 소재를 정해서 엄마들에게 미리 이야기해 둔다. 쉽게 볼 수 있는 2학년 권장 도서나 추천 도서 목록을 참고하기보다는 어린이들에게 재밌게 다가올 소재를 고민했다. 어린이들은 미리 이야기해 둔 책을 빌리거나 구입하여 읽고 왔다. 간식은 집집마다 돌아가며 준비해서 함께 나누어 먹었다.

석양이 길어질 무렵, 어린이들이 나가서 놀 궁리에 엉덩이가 들썩들썩할 때엔 다도 찻잔을 꺼내어 조그만 잔에 차를 나눠 마시며 차분한 분위기를 만들어 주기도 했다.

매번 이렇게 준비를 못 할 때도 있었다. 한 달 전에 올리겠다는 책 목록이 늦어져도 재촉하지 않고 자세히 물어 주며 어떤 책을 읽을지 같이 고민하고 서로 살펴 주었다. 어린이들이 방구석에서 우정과 지혜를 쌓아 갈 때 엄마들도 시간의 힘을 믿으며 우정과 지혜를 쌓아 나갔다. 우리는 우정과 환대의 공동체를 서서히 만들어 갔다.

스스로
꽃이 된
봄

영심이와 순무

        어린이들이 학교에 갔다. 설레는 마음으로 선생님과 친구들과 잔잔하게 우정을 쌓아 가야 하는 봄을 지나 여름의 초입에야 학교에 갔다. 서먹한 과정도 없이 성큼 친해져야 하는 어린이들이다. 이 시간을 어린이들 곁에서 함께 고민하다 『별명 그리는 아이』(염은비, 정글짐북스)를 함께 읽어 보기로 했다.

  평소 서로 친근한 사이지만 방구석 그림책 모임으로 만나니 새로운 느낌이다. 홍조를 띤 어린이들의 얼굴에 설렘과 긴장감이 묻어났다. 어린이들과 첫 장을 읽으며 운을 떼었다.

별다른 존재감이 없어 소외감을 느끼던 주인공 하나는 반 친구들의 모습을 그림으로 그린다. 쉬는 시간 하나가 자리를 비운 사이, 하나의 그림을 본 친구들이 자신들의 특징을 잘 포착한 그림에 감탄하고 하나에게 '별명 박사'라는 별명을 붙인다. 하나는 자신의 마음에 쏙 드는 별명이 생기자 자부심을 느끼면서 친구들에게 명랑하고 즐겁게 스며드는 내용이다.

　아홉 살 어린이들에게 '별명'이란 것은 어떻게 다가올까? 별명이 있다는 것에 안정감을 느낄까, 별명이 없는 것에 서운함을 느낄까? 여러 생각들이 교차하는 가운데 어린이들을 반갑게 맞이했다. 책 속의 어린이들처럼 '아이엠 그라운드 자기소개 하기' 게임을 하기로 했다. 서둘러 각자의 별명을 생각해 본다. 즉석에서 떠올린 나의 별명은 '먼지'로 했다. 우주 속 먼지 같은 존재감. 작은 존재이지만 세상 곳곳 어디에나 있는……. 작은 존재로, 작은 가벼움으로 세상 여러 곳을 부유하는 것이 왠지 근사하다. 이 심오함을 아는지 모르는지 어린이들은 내 별명을 듣고 깔깔댄다. 깔깔대던 어린이들의 별명은 '안개, 풀꽃, 순무, 유비, 제갈량'이다. 어린이들은 조심스럽고 진지했다. '순무'라는 별명의 탄생 비화가 궁금해서 물었다. 앞니가 조금 커서 토끼처럼 순무를 잘 먹을 것 같다며 유비가 지어 주었단다. 그 별명이 마음에 드냐고 물으니 마음에 든다고 했다. '순무'라는 별명도 귀엽고 토끼와 순무를 떠올린 유비의 생각도 귀엽다. 자신의 별명이 '순무'라고 웃음 지으며 이야기하는 순무는 더 귀여웠다.

자신의 별명이 불려진 후 주위의 반응을 살피며 안도하는 어린이도 있었다. 각자의 별명을 안고 '아이엠그라운드 자기소개 하기' 게임을 시작했다. 박자에 맞춰 손뼉과 무릎을 치며 '짝짝짝짝, 아이엠그라운드 자기소개 하기' 노랫말을 따라 부르니 우리들의 긴장감도 녹았다.

"아이엠그라운드 자기소개 하기"
"순무 셋!"
"순무, 순무, 순무, 풀꽃 둘!"
"풀꽃, 풀꽃……."

나의 유년 시절이 덩달아 생각났다 나는 존재감이 옅었던 어린이였는데 심란한 별명이 있었다. 초등학교 4학년 때다. 부끄러움이 유독 많았고 워낙 조용했던 나에게 짝

꿈은 감당하기 버거운 큰 산이었다. 짝꿍은 늘 까불거리며 친구들의 부족함을 공공연하게 반 친구들과 공유하기 좋아하는 어린이였다. 쉬는 시간에도 좀처럼 자리에 앉아 있지 않던 녀석인데 어느 날은 쉬는 시간 나에게 진지하게 다가와 앉았다. 산수 시간에 도형 단원의 '원'을 배우는 날이었다. 마침 컴퍼스가 있다며 꺼내서는 빈 종이에 조그맣게 동그라미를 그렸다.

"진짜 동그랗지?"
"응…… 동그랗게 잘 그려졌네."
"야, 근데 이거 네 얼굴처럼 동그랗지?"
"……."

비웃는 그 녀석 앞에서 울상이 된 얼굴로 책상에 엎드렸다. 지금 같으면 주먹이라도 한 대 날려 줄 날렵함이 있는데 그 시절의 나는 너무 서정적이었다. 그날 이후로 나의 별명은 '영심이'가 되었다. 초등학교 시절 내내 '영심이', 가끔 '순심이'라고 불리기도 했다. 내 유년 시절의 이야기를 들려주며 어린이들과 한바탕 떠들었더니, 오래전 그날의 분함이 풀렸다.

별명에 대해 이야기를 해 보자고 했을 때 처음에는 어린이들이 머뭇거렸다. 그 머뭇거림의 지점이 조금씩 달랐는데, 주변을 두루 살피며 "나를 뭐라고 불러 줄 거야?"라고 묻는 어린이도 있었고 "저는요." 라고 말문을 틔운 뒤에 '풀꽃'이라고 불러 달라고 수줍게 말을 건네는 어린이도 있었다.

별명의 사전적 의미는 '사람의 외모· 성격 따위의 특징을 바탕으로 남들이 지어 부르는 이름. 허물없이 쓰기 위하여 지은 이름'이다. 영어로는 '닉네임(nickname)'과 동일어로 쓰인다. 우리 사회 맥락적 언어의 의미로 본다면 '별명'과 '닉네임'은 사뭇 다르다. 별명에 대한 기억을 거슬러 올라가 보면 누군가 나에게 붙여 준 별명 때문에 놀림 받았던 기억이나 기분이 썩 좋지 않았던 느낌이 한 번씩은 있다. 반면에 닉네임의 경우에는 자신이 불렸으면 하는 바람으로 스스로 정한 이야기가 더 많다. 다른 사람이 나의 이름을 불러 주기 전에 스스로 자신의 이름을 불러 주어 꽃이 되어 보자. 자신의 재밌는 점, 잘하는 점 등을 스스로 포착해서 의미를 부여하여 상징해 두자. 누군가 별명이 뭐냐고 물으면 망설임 없이 당당하고 자랑스럽게 이야기할 수 있도록.

　『별명 그리는 아이』의 주인공 하나는 별명이 없어 속상해 하다가, 자신의 장점인 그리기 실력을 발휘해 반 친구들 하나하나 묘사하며 '별명 박사'로 인정받고 별명을 얻는다. 그 과정에서 학급에서의 존재감을 느끼게 되는데, 모두가 주인공 하나의 이야기처럼 별명을 통해 '존재감'의 가치를 얻는 것은 아닌 것 같다. 친구들 사이에서 자주 회자되며 웃게 만드는 별명을 즐기는 어린이가 있는가 하면, 별명이 부담스러워서 이름만으로 불리고 싶어 하는 어린이도 있다. '있다being'라고 느끼는 지점의 차이가 아닐까?
　스스로가 '있다'라고 느끼면 되는 것에 타인에게 '있다'라고 인정받을 필요는 없다는 것을 알려 주고 싶다. 존재감도 자존감처럼 스스로 감각을 익히고 경험하여 태도로 축적되는 것이다. 어린이들이 성장해 가며 주체적 존재감을 알아차리면 좋겠다. 비록 나도 '먼지'라는 닉네임을 알려 주고 어린이들의 웃음을 샀지만 나는 스스로 꽃이 되어 있었다.

엄마의 역주행

그날따라 책을 고르는 데 매우 고심했다. 어린이들끼리 어느 정도 서먹함도 풀렸고 재밌는 분위기도 만들어졌으니 이쯤에서 교훈적인 메시지를 전달해야겠다고 생각했기 때문이다. 인터넷 서점 사이트를 접속하고 신간 코너에 올라온 여러 책을 뒤적였다. 재미있으면서도 교훈적인 책은 없을까 눈에 불을 켜고 찾았다. 마침 신간 코너에 올라온 '달리기'의 주제를 담은 『달리기 숙제』(후쿠다 이와오, 상상의집)가 눈에 띄었다. 뜀틀 넘기 숙제, 수영 숙제, 단체 줄넘기 숙제 등 어린이들의 숙제 이야기를 시리즈로 재밌게 풀어내고 있는 작가였기에 이거구나 싶었다. 때마침 『꼴찌 없는 운동회』(고정욱, 내인생의책)를 아이들과 잠자리 동화로 읽고 있었는데 두 책을 버무리면 어린이들에게 콕 와닿을 메시지가 있을 것 같았다. 마음속으로 '역시가 역시!'라고 생각했다.

  금요일이 되었고 어린이들과 다시 방구석에서 만났다. 모두의 두 손에 책과 독서록이 들린 채로. 엄마들에게 이번 모임에는 독서록을 챙겨 오도록 하라고 일러두었기 때문이다. 어린이들은 수다를 떨 생각에 설레는지 환한 표정으로 문을 박차고 들어왔다. 싱그러운 공기를 잔뜩 안고 들어오는 맑은 어린이들이다. 나는 애써 공기 중에 있는 설렘을 끌어내리며 정숙한 분위기를 만들었다. 표정도 근엄하게 바꾼다. 그날 어린이들에게 꼭 전해야 하는 탁월한 메시지가 있었기 때문이다. 내 생각을 아는지 모르는지 어린이들은 그날 유독 팔딱팔딱했다. 마주 앉아 수다를 떠느라, 오늘 간식에 대해 이야기를 하느라 어린이들이 몹시 분주했다.

  "얘들아, 오늘 책은 너무너무 중요해. 다들 『달리기 숙제』라는 책을 잘 읽었니?"라고 묻자 어린이들이 바라본다. 책을 돌아가며 낭독했다. 재밌게 읽었던 기억이 있으니 서로의 음성이 귀에 쏙쏙 들어온다.

두 명의 꼬마가 나온다. 유마는 달리기에 자신이 없고, 마사토는 달리기는 자신 있지만 바통을 떨어트렸던 옛 기억에 부담을 느껴 이어달리기 참여에 고민이 많다. 그러다 우연히 신통방통한 덴구 할아버지를 만나며 달리기에 대한 자세와 경쟁의 의미, 노력하는 마음을 배운다.

"재미있었던 장면을 이야기해 줄래요?"라는 질문에 한 어린이가 바로 대답했다.
"달리기는 빠른데 바통 떨어지는 기억에 달리기를 두려워하는 마사토의 이야기가 재밌었어요." 다른 어린이들도 거들었다. "아! 재밌기도 했지만 긴장되기도 했어요. 이어달리기를 해 봤는데 바통 떨어지는 경험이 너무 끔찍했거든요."

'이어달리기, 바통, 끔찍'이라는 단어를 들으니 어벙했던 내 유년 시절의 이어달리기가 생각나 마음이 알싸해졌다. 5학년 가을 운동회였던 것으로 기억한다. 달리기는 누구보다 자신 있었고 엄마가 달리기 선수 출신이란 이야기를 서슴없이 꺼낼 정도로 달리기는 나의 자랑이었다.

대망의 가을 운동회 달리기, 제1주자부터 제4주자까지 줄지어 서 있었다. 스타트를 빨리 끊는 제1주자보다 더 잘 달리는 나는 제4주자다. 행여나 우리 반이 지고 있더라도 충분히 역전이 가능한 달리기 실력을 갖추고 있는 나는 바통을 건네받으려 여유 있게 기다리고 있었다. 그런데 역전해야 하는 상황이 벌어지고 있었다. 시간이 거듭될수록 따라잡을 수 있는 거리가 멀어지고 있었지만 나라면 할 수 있다고 생각했다. 제3주자가 들어오기를 기다리다 조금 많이 앞서 나가 있었다. 드디어 제3주자에게 바통을 건네받고 달렸다. 숨 가쁘게 달리는데 주변에 아무도 없었다. '역시! 역전했구나.' 환호를 들을 생각에 주변을 두루 살피며 달리는데 같은 팀 친구의 얼굴이 흙빛이다. 응원하던 반 친구들은 입이 떡 벌어져 있다. 내가 역주행을 한 것이다. 역전이 아닌 역주행을 한 것이란 말이다.

나의 역주행 경험을 들은 어린이들은 킥킥 웃었다. 함께 실컷 웃고 나서 수다를 시작하려던 찰나, 나는 단호하게 수다의 맥을 끊었다. 어린이들에게 전해야 할 메시지가 있었기 때문이다.

 "자자, 여기 집중! 얘들아, 이번 책은 더 중요해. 고정욱 작가님의 『꼴찌 없는 운동회』를 소개해 줄게요. 먼지가 읽어 줄게요."라며 책의 몇 부분을 낭독했다. 『꼴찌 없는 운동회』의 관련 영상도 이어서 보여 주었다. 내 예상대로 착착 진행되고 있다고 생각했다.

 "이 책은 실제로 있었던 이야기예요. 참 아름답죠? 이어달리기 종목에서 경쟁하지 않고 협동하는 모습을 보이네요. 서로 속도를 맞추며 나란히 달리는 모습이 참 기분 좋아요. 자! 오늘 느꼈던 내용을 독서록에 적어 봅시다. 자유롭게 쓰면 돼요."
 내 이야기를 듣고 잠시 생각에 잠기던 어린이들이 독서록에 글을 쓱쓱 써 내려간다.

 그림책 수다가 끝나 놀이터로 곧장 향하는 어린이들, 그 뒤를 나의 포부가 앞질러 간다. 놀이를 시작하려는 어린이들에게 "얘들아, 이어달리기하자."라고 끼어들었다. 어린이들은 어리둥절한 표정을 지었고 내 손에 들린 훌라후프를 보고는 "꼴찌 없는 운동회처럼 이어달리기를 하자는 거지요?"라고 말했다. 내 말을 '척하면 척' 알아듣는다고 생각하며 뿌듯했다.

두세 명이 훌라후프 안으로 들어가고 시작의 음성과 동시에 달렸다. 어린이들이 흐느적거리며 재밌게 잘도 달렸다. 달리기가 느린 어린이는 넘어질 듯 위태위태한 모습을 보이기도 했지만, 옆에 선 어린이들이 기다려 주면 금세 달려가고, 따라가고 도착지까지 와서는 함께 웃어 보였다. 몇 번 더 훌라후프 달리기 시합을 했고 어린이들에게 협동과 경쟁의 가치를 몸의 움직임을 통해 알려 주었다. 더없이 좋은 수업이었다고 생각하며 훈훈하게 마무리하려고 하는데 그때 어린이들이 묻는다.

"먼지, 이제 다 했죠?"
"응! 그럼."
"애들아, 우리 이제 진짜 놀자. 얼음땡 할 사람! 여기 붙어라."
"……"

'이제 진짜 놀자'라니 나는 그만 얼굴이 빨개졌다. '역시가 역시'라고 스스로 되뇌었던 말이 공기 중에 파편처럼 분산되었다. 집으로 돌아가 어린이들이 쓴 독서록을 살폈다. 명료한 교훈과 주입된 가르침이 독서록에 적혀 있었다. 교사라는 오만함과 어린이들을 잘 알고 있다는 착각에서 비롯된 일이었다. 그때부터였다. 교훈적 메시지를 전하기보다 어린이들 곁에서 재미있게 수다를 떨어야겠다고 생각한 것은.

나의 역주행 이야기를 듣고 어린이들이 깔깔대며 웃을 때 쭈욱 한바탕 수다만 떨었더라도. 어린이들이 가지고 있는 실수의 기억, 넘어진 기억을 귀를 활짝 열고 듣기만 하였더라도 어린이들 마음의 품은 독서록에 적힌 글보다 훨씬 넓어졌을 거다. 내내 부끄럽고 아쉬웠던 이때의 기억은 어린이들과 그림책 수다에서 내가 있어야 할 자리를 깨닫게 해 주었다. '책을 읽고 안다'라는 생각보다 '책을 통해 누린다'라는 생각으로 마음을 고쳐먹는다. 어린이들에게는 책을 통해 세상을 누릴 수 있도록 배움의 숙성 시간을 줘야겠다고 생각했다. 비록 훌라후프 이어달리기로 어린이들의 진짜 놀이를 방해했지만, 엄다의 역주행이 아이들의 삶에 밀알의 웃음이 되길 바라 본다.

너는 학원 몇 개야?

초등학교 저학년은 하교 시간이 빠르다. 점심 식사를 마친 후 집에 온다. 그 사실은 나에게 적잖은 충격이었다. 아이들이 등교를 하면 집안일을 한번 둘러본다. 그러고 나서 믹스커피 한 봉지를 탈탈 털어 마시면 믿기지 않지만 아이들이 올 시간이 된다. 휴직 후 유유자적 혼자만의 시간을 맘껏 보낼 수 있을 거라던 내 예상은 첫날부터 빗나갔다. 그 사실이 나를 당황시켰지만 아이들은 해맑은 얼굴이었다. 어린이집, 유치원을 다닐 때보다 더 빨리 집으로 돌아오니 말이다. 맑은 얼굴의 아이들과 둘러앉아 그날 학교에서 먹은 급식 이야기, 친구들 이야기,

선생님 이야기를 하고 나면 석양이 지는 시간이 되었다. 나도 그렇고 아이들도 그렇고 하루의 여백이 생겼다고 해야 할까. 아이들이 이렇게 유년 시절을 보내면 행복으로 기억될 것이라는 예감이 은은하게 밀려왔다.

　어느 날은 풀꽃이 학원을 보내 달라고 했다. 엄마 생각에는 풀꽃이 아직 학원에 가지 않아도 될 것 같은데 왜 학원을 다니고 싶은지 물었다. 같은 반 친구들이 3~4개의 학원을 다니고 있으니, 자기도 다니고 싶다고 했다. 풀꽃은 학원 5개를 다니고 싶다고 했다. 그때 풀꽃은 학원의 개수를 장난감의 개수 같은 걸로 알았을까? 설명이나 설득을 하지 않고 풀꽃의 이야기를 듣기만 했다. 시간이 조금 흐른 후 풀꽃은 친구들이 학원을 바꾸고 그만두기를 반복한다는 이야기도 전해 주었다.

　가만히 둘러보니, 학원을 가장 많이 다니는 연령대는 초등학생 1학년과 2학년이었다. 외국어에도 일찍 노출되어야 좋은 발음을 구사하고 잘 받아들인다 하니 서둘러 영어 학원도 보내야 하고, 시간이 많은 시절이니 음악, 미술, 체육 등 예체능 학원도 다녀야 하고, 독서가 중요하다고 하니 논술 학원도 다녀야 하고, 서술형 수학 문제들이 어렵다고 하니 사고력 학원도 다녀야 한다. 어린이들이 직행열차를 타고 '입시'라는 문턱의 입구까지 가는 느낌이다. 중간에 머무는 정거장 없이, 주변의 풍광을 볼 수 있는 창문도 없는 급행열차에 올라타는 느낌이 들었다.

어린이들의 세상에서 독자층이 두꺼운 김리리 작가의 책 중에 학원과 일상에 대한 소재가 등장하는 책이 있다. 웬만한 추천 도서나 권장 도서에 꼭 들어가 있는데, 왜 그런지 알 것 같기도 하다. '『화장실에 사는 두꺼비』(김리리, 문학동네)'라는 책이다.

부모님이 경제활동으로 바쁜 데다, 학업에 대한 열정이 높아 학원을 많이 다니게 된 준영이는 긴장된 일상생활 때문에 변비라는 최대 난관에 부딪히게 된다. 화장실 변기 위에 오래 앉아 있게 되면서 이런저런 생각을 하다가 어느 날 두꺼비를 만난다. 한번 들은 소리를 똑같이 따라 하는 재주를 타고난 준영이는 두꺼비 소리도 잘 낸다. 무심코 따라 한 두꺼비 소리에 두꺼비와 조우하며 준영이는 마음의 걱정을 덜어 내고 긴장된 일상에서 회복된다.

방구석 그림책 어린이들이 오기 전에 먼저 책을 읽어 봤다. 학교 수업이 끝나고 학원까지 다녀온 어린이들이 책과 친구들을 만난다고 방구석에 와 앉아 있는 모습을 보니 그렇게 흐뭇할 수가 없었다. 어린이들에게 두꺼비와 같은 존재가 되어 주면 좋겠다고 생각하며 목청 높여 낭독했다. 최대한 편안하게 들으라고 하자 어린이들은 턱을 괴기도 하고 엎드리기도 하며 다정한 마음으로 내 목소리에 귀를 귀울였다. 주인공 이야기에 몰입해서 듣느라 표정이 각양각색이다. 학원에 가기 싫어서 부모님의 허락 없이 일탈을 한 준영이에게 몰입했는지 긴장한 표정의 어린이도 보였고, 대리만족이 되었는지 웃는 어린이도 있었다. 낭독을 끝내기 무섭게 순무가 마치 준영이가 된 것처럼 내게 엄살을 부린다.

"먼지, 저도 학원을 너무 많이 다녀요."

요즘처럼 삼엄한 시기에 어느 학원을 다니냐고 묻는 것이 실례인 줄 알지만 순무의 두꺼비가 되기 위해 힘주어 물어봤다.

"순무야, 학원 어디 다녀?"

"피아노, 수학, 수영, 세 개예요."

"에이, 그거 많이 다니는 거 아니야!"

"우리 반 친구는 영어 학원, 수학 학원, 피아노 학원, 또 주말엔 사고력 수학 학원까지 다섯 개라고……!"

내가 말하기도 전에 어린이들이 대답했고 순무는 눈을 동그랗게 떴다. 곧이어 여섯, 일곱까지 더 많이 다니는 친구들의 학원 개수로 순무를 위로해 줬다. 어린이들의 시선으로 서로에게 이야기하고 있었다. 순무는 자기의 말이 무안해졌는지 머리를 긁적였다. 그 모습이 어여뻐서 운을 떼며 이야기했다.

"얘들아, 먼지가 고등학교 오빠들을 가르치는 거 알지? 재밌는 이야기 하나 해 줄게."

학기초, 상담 주간 때의 일이다. 진로와 성적, 입시에 대한 상담을 주로 하게 되는데 그때마다 나는 내 유년 시절의 이야기를 꺼낸다. 현재의 학업 수준이, 진로가 무엇인지 막론하고 "어릴 적에 너 똑똑했지?"라고 물으며 대화를 시작한다. 그러면 학생들은 환한 눈빛으로 "선생님, 제가 사실은요……." 라며 자신의 신통방통했던 어릴 적 이야기를 꺼낸다. 한글을 네 살에 떼고, 한자능력검정시험에서 높은 급수를 받고, 셈하기를 좋아해 신동이라는 소리를 들었던 신동 시즌의 이야기들을 재밌게 건넨다. 아련하게 그 시절을 추억하기도 하는 고등학생들이다. 그럴 때는 같이 맞장구를 쳐 주며 그 시절의 눈빛과 패기는 모두 어디 갔냐며 농담을 건넨다.

학부모 상담을 할 때도 자녀의 어린 시절 이야기를 꺼내곤 하는데 인상 깊은 일화가 있다.

공부에는 흥미가 없지만 재밌게 학교를 다니던 학생의 학부모가 상담을 하려고 학교에 오셨다. "어머니, 유민이 어릴 적에는 어땠어요?"라며 학생의 유년 시절 이야기를 해 달라고 했다.

"이런 말까지 안 드리려고 했는데 우리 아이가 어릴 적에 영재였어요."

유민이 다섯 살 때의 이야기란다. 동네 공원에 놀러 갔는데, 다섯 살 꼬마가 나무와 꽃을 살피다가 가족의 동선과 멀어졌다. 아이를 잃어버려서 경찰차가 출동하고 난리가 났는데 다섯 살 꼬마는 혼자서 집으로 찾아왔다는 이야기였다. 누가 들어도 문제해결력과 공간 감각이 출중한 아이였다. 그 이야기를 들려주며 환하게 웃으시는 다섯 살 적 꼬마의 어머니였다. 엄마는 아이가 신동임을 단번에 확신하고 다양한 학원을 보냈고, 아이는 학업을 곧잘 따라가며 유년 시절을 보냈다고 한다. 그러다 사춘기가 오면서 공부에 손을 놓았고, 친구를 잘못 만나 방황했다는 만국 공통의 서사를 펼쳐 보이신다. 그런 유민이가 지금 고등학교에 와서는 '나는 누구?', '여긴 어디?' 라는 물음표를 던지며 학교생활을 하고 있다고 했다.

배움의 여정에서 눈빛이 흐려지고 얼굴빛이 어두워지는 지점은 사춘기 시절이 아닌 것을 우리는 안다. 머물러 생각해 보면 심심한 시간과 쓸데없는 것에 대한 생각이 뒤엉킬 만한 시간을 충분히 누리는 일상이 주어지지 않았기 때문이다. 알 듯 모를 듯한 시간에 지혜가 마음과 몸속에 배어들면서 서서히 배움의 감각을 익혀야 하는 무형의 공기가 있어야 하는데, 지식을 주고받는 절차와 단계만 있는 환경이 어린이들을 둘러싸고 있다.

어디서 '꾸루룩', '꾸루룩' 두꺼비 소리가 났다. 하나둘 웃음소리도 새어 나왔다. 아직 끝낼 준비가 안 된 나는 서둘러 이야기했다.

"얘들아, 배움이란 생각할 수 있는 근력을 키우는 과정이야. 그 허기를 채우지 않으면 타인에게 의지하게 돼. 우리 '방구석 그림책'은 생각의 허기를 채우는 아주 건강한 모임인 것 같아."

아주 잠시 침묵이 흘렀고 다시 두꺼비 소리를 내는 데 진심을 다하는 어린이들이다. 어느 날, 배움의 순간에 먼지가 허공을 보며 이야기했던 그때를 생각해 주면 좋겠다.

자기만의 서사를
발견하는 일

　　　　　　　　아이들이 2학년이 되던 봄에 초등학교를 끼고 있는 아파트에서 살다가 한적한 곳으로 이사를 왔다. 친하게 지내던 이웃 언니이자 풀꽃의 친구 엄마로부터 문자 메세지가 왔다.

"풀꽃 엄마, 풀꽃이 나무에 올라가 있을 것 같아서 그리워요. 금방이라도 나무에서 뛰어내려 인사했을 풀꽃이 생각났어요."

풀꽃은 운동신경이 남다르다. 대학교 시절, 족구를 할

때 상대편의 서브를 헤딩으로 받아 내던 나를 닮은 게 분명했다. 하굣길에 풀꽃을 데리러 가면 늘 얼굴에 홍조를 띠고 있다. 친구들과 한바탕 달리기를 했거나, 축구를 했거나, 줄넘기 2단 뛰기를 한 뒤였다. 이렇게 활동적인 풀꽃의 관심 분야는 단연 '풀꽃'과 '글쓰기'다. 좀 더 자세히 말하면 작은 생명에 대해 관심이 많고 그것을 글로 쓰는 것에 흥미를 느낀다. 세상을 향해 진취적이면서도 세상 곳곳의 작은 생명을 살피는 세심함이 있는 어린이다.

  아홉 살이 된 풀꽃은 좋은 선생님들을 만났다. 풀꽃에게 감탄하고 감격해 주는 좋은 어른이 생긴 것이었다. 코로나로 사방이 막힌 지난했던 나날, 담임선생님의 얼굴을 직접 뵙지는 못했지만 원격 수업이 시작되었고 일기 쓰기 숙제가 있었다. 풀꽃은 일기를 쓰기 전에 담임선생님의 이야기를 꺼냈다. 어떤 선생님일까 한껏 궁금한 표정을 머금은 채로 일기 쓰기 숙제를 했다. 그날의 일기는 낯선 공기만큼이나 짧았다. 그 사이 학교에서 전체적으로 상담 및 안부 전화가 왔고 풀꽃의 담임선생님과 통화를 했다. 옆에서 귀 기울여 듣던 풀꽃은 선생님이 어떤 분인 것 같냐고 물었다.

"엄마, 선생님 어때요? 무서운 거 같아요?"
"전혀 아니야. 너무 자애로우시고 친절하실 것 같아. 우리 풀꽃이 복 받았다."

 선명한 근거는 없었지만 그런 바람을 보태어 이야기했고 풀꽃은 웃었다. 그러는 사이 일기에 조금씩 자신의 마음을 드러내기 시작했다. 담임선생님을 상상했다. 상호작용이 없는 일방적인 자기 고백이었지만 하루하루 글이 달랐다. 빈 공책에 그날의 단상을 기록하는 일기 쓰기가 만만치 않았을 텐데, 마음이 편해졌는지 일기장에 정성껏 자기만의 감정과 생각을 드러냈다. 어느덧 개학을 했고 풀꽃은 거의 두 달 치의 일기장을 제출했다. 나는 조금 조바심이 났다. 거의 두 달 치의 마음을 담은 일기 마지막 장에 '참 잘했어요' 도장 하나로 어린이의 세상이 축소되지 않기를 바라는 마음을 담아 기다렸다.

 풀꽃의 담임선생님은 학급 어린이들의 일기장을 보며 흘러왔던 일상을 짐짓 어림해 봤을 것이고 어린이들의 감정과 생각을 알아 갔을 것이다. 며칠 후 일기장은 다시 돌아왔고 풀꽃과 나는 한 장 한 장 넘기며 선생님의 고백을 살폈다. 다행히도 우리의 바람이 전해졌는지 첫 장부터 마지막 장까지 정성껏 읽은 선생님의 마음이 고스란히 느껴졌다. 참신한 표현에는 밑줄을, 재밌는 일화에는 더 유쾌한 일을 쓰셨고, 슬프거나 화가 나는 일에는 공감하는 글이 빼곡히 적혀 있었다. '내 이야기를 누군가가 정성껏 읽어 주었구나', '나를 궁금해 하는 누군가가 있구나' 라는 깨우침을 주는 존재가 크게 다가왔다. 쓰는 가치에 씨앗을 심어 줬다.

   선생님의 피드백을 받은 풀꽃은 일기장에 자신의 일상과 느낌을 더 세밀하게 썼다. 나뭇잎 일기를 쓰기도 했고, 올레 길을 걷다가 흩날리는 꽃을 주워 일기장에 붙이기도 했다. 글을 잘 쓴다는 자기만의 믿음, 글을 잘 쓰고 싶다는 바람, 글을 쓰는 것을 지속할 수 있거 하는 힘이 뒤섞여 춤을 춘 시기였다.

   열 살이 된 풀꽃은 새로운 담임선생님을 만났다. 선생님은 '마음공책'으로 은은하게 글쓰기를 시작했다. 학급 어린이 모두에게 '마음공책'을 나누어 즈고 서로의 마음에 기꺼이 가닿는 연습을 했다. 알 듯 모를 듯했던 서먹한 관계에서 진솔한 관계로 어우러지는 데에는 노력이 필요한데 선생님은 학급 어린이들에게 기꺼이 노력하는 모습을 보였다. 옆에서 이야기를 전해 들으며 좋은 어른을 곁에 둔 풀꽃은 참 복이 많구나 생각했다.

어느 날 풀꽃이 생기 있게 물었다.

"엄마, '커커배' 알아요?"
"응? 그게 뭐야?"
"『커다랗고 커다랗고 커다란 배』(야콥 마르틴 스트리드, 현암사)를 줄인 말이에요. 우리 반에서 읽고 있는 책인데 엄청 재밌어요. 선생님이 조금씩 읽어 주는 책인데요. 다음 이야기가 정말 기대돼요. 아, 맞다. 엄마 그 배가 그 배일까요? 그 배일까요?"
"아, 배?! 음…… 먹는 배?"

내 응답을 듣고 미소를 지으며 풀꽃은 도서관에서 책을 빌려다 달라고 부탁했다. 동네 도서관에 가서 '커커배'를 검색하고 책을 빌려 왔다. 책 표지에서 '개구쟁이 그림책'이라는 느낌이 물씬 풍겼다. 그런데 책 표지를 보고 나서도 '그 배'가 '그 배'인지 알 수가 없었다. 너무 궁금한 나머지 책을 곧바로 펼쳐 읽었다. 책은 꽤나 글밥이 많았지만 상상, 발명, 모험의 이야기로 밀고 가는 힘이 있었다. 어린이들이 반할 만했다. 풀꽃은 그 책을 보더니 곧바로 유비와 제갈량에게 추천했다. 책을 읽은 유비와 제갈량이 정말 재밌다는 이야기를 하자 풀꽃은 '우리 담임선생님이 좀 멋져!'라는 표정을 지었다. 그 다음 주에는 학급에서 영화를 봤다고 했다.『커다랗고 커다랗고 커다란 배』를 원작으로 한 영화였다. 책과 무엇이 다른지를 살피면서 영화를 보라고 했다며 신기한 독후 활동이라고 전했다.

  선생님의 독서 활동에서 '상상하게' 하는 부분이 참 좋다고 생각했다. '커커배'를 읽는 동안 풀꽃은 꿈을 꾸는 듯한 표정을 지을 때가 많았는데, 이는 자기만의 상상에 빠진 흔적이었다. 상상의 시간을 기꺼이 내주었다. 다음 내용이 궁금한 어린이들은 쉬는 시간 책에 대해 이야기하며 상상력으로 이야기를 이어 나갔고 그 과정에서 서로가 서로에게 배우는 기회가 되었다. 글 읽는 재미와 글 쓰는 호쾌함이 스며든 열 살의 기억이었다.

  풀꽃의 2학년 담임선생님과 했던 일기 쓰기는 타인에

게 하는 일종의 '말 걸기'의 도구였다면 3학년 담임선생님과 했던 독서 활동과 글쓰기는 사회로의 진입을 도와주는 세계의 확장이었다. 평범한 수업의 일환일 수도 있지만 말 걸기로 시작된 어린이의 세상은 서서히 나 자신이 타인과 사회와 연결된 것을 느낀다. 새로운 것에 감탄할 줄 알고 환대하는 세계에 조응할 줄 아는 마음이 아홉 살 꼬마, 풀꽃에게 생겨나기 시작했다.

어린이들은 누구나 자기만의 서사를 가지고 태어난다. 서사의 실타래를 끄집어내 주고 연결해 주는, 어린이가 자기만의 서사를 발견하고 가꾸는 일에 좋은 어른으로서 함께하고 싶다.

할머니의 김밥

안개의 풍경에는 늘 할거니가 계셨다. 안개의 엄마는 바쁜 워킹맘이었고, 안개의 곁에서 엄마의 빈자리를 할머니가 채웠다. 안개의 할머니와 나는 등굣길이나 하굣길에서 만나 인사를 하며 안부를 묻는 등·하굣길의 벗이었다. 짧은 대화였지만 안개의 할머니와 나누는 이야기는 꽤 재미있었다. 안개의 할머니는 늘 하교 시간보다 미리 와서 교문 앞에 계셨다. 옷매무새를 다듬으며 허둥지둥 달려온 내 모습과는 많이 다른 모습이었다. 어쩌다 내가 급한 일이 생겨 하굣길에 못 나가게 되면 안개 할머니가 유비와 풀꽃을 대신 받아 주셨다. 뿐만 아니라 핸드폰이 없는 어린이들에게 전화기를 빌려주는 길가의 공중전화 역할도 제대로 해 주셨다. 하교 후 오며 가며 보이는 우리 아이에게 깐 밤을 주시기도 하고, 도토리묵을 쒔다며 현관 앞에 갖다 놓으시고는 사뿐한 말씀 한마디를 보태셨다. '그냥 한번 쒀 봤다'고.

안개가 방구석 그림책 모임에 오는 날에도 어김없이 할머니가 함께 왔다. 여느 날처럼 '띵동' 하며 벨이 울리고 안개가 환하게 등장했다. 그 뒤로 큰 가방 하나를 쥐어 주며 할머니가 자애롭게 웃으신다. "김밥 좀 말았어." 라며 묵직한 도시락을 살포시 건네셨다. 손녀와 손녀의 친구들을 위해 마음을 쓰신 것이다. 얼마나 찬찬하게 마음을 쓰셨는지 유비, 제갈량, 풀꽃, 안개, 순무, 먼지가 따로 먹을 수 있도록 도시락에 담아 주셨다. 각자 김밥을 먹으며 책을 읽을 수 있게, 우리가 어떻게 책 수다를 떨고 있는지 훤히 보고 계시는 듯 말이다.

정성을 먹으며 책을 함께 보는 어린이들의 표정은 유달리 따스했다. 그날의 책은 『엄만 내가 필요해!』(이성률, 파란자전거)였다. 어린이들 안에 존재하는 미운 마음 예쁜 마음들에 관한 이야기가 펼쳐진 우리나라 단편 창작동화집이다. 재밌는 이야기가 짤막하게 묶여 있는 책이라 그런지 어린이들은 읽기가 편했나 보다. 돌아오는 얼굴빛이 가뿐하다. 어린이들에게 이 책 어땠냐고 물으니 자기보다 더 말썽쟁이라고 느낀 주인공의 표정과 말투에 집중된 말이 되돌아온다. 표지부터 '말썽'이라는 단어가 얼굴에도, 콧등에도 덕지덕지 붙어 있다면서……. 총 다섯 편의 이야기가 있었는데 우리는 첫 번째 이야기인 「엄만 내가 필요해」를 함께 읽어 보았다. 읽는 동안 너도나도 큭큭 웃음이 절로 터져 나왔다.

"어떻게 가출을 할 수 있지?"
"친구한테 전화로 자기 엄마한테 즈-기가 가출했다는 소식을 전해 달라 하다니?"
"얘, 너무한다. 하하하!"
"그런데 엄마도 너무하지 않니?"
"양념치킨 시켜 놨으니 먹고 싶으면 들어오라고?"
"엄마도 너무해!"
"찬호가 너무 불쌍해."

어린이들의 대화에서 번지는 웃음을 마주할 수 있었다. 양념치킨은 매워서 싫고 고래밥이나 치토스, 바나나킥 정도면 우다다 뛰어 들어가겠다는 어린이들과 눈이 마주쳐 한바탕 웃었다. 나는 잽싸게 끼어들어 먼지가 가출하면 조청유과를 사 놓으라는 말도 잊지 않았다.

"근데 찬호는 왜 엄마랑 싸운 거야?"
"엄마가 냉장고에서 달걀을 갖다 달라고 했는데 찬호가 달걀을 콧등에 올려놓고 가잖아. 아슬아슬 가다가 달걀이 두 동강이 났지."
"엄마가 정말 화가 나셨겠다."
"근데 찬호 정말 기발한데!"
"우리도 해 보자!"

눈 깜짝할 사이에 간식으로 먹으라고 올려 둔 감귤을 콧등에 올려놓은 채 걷기 시합을 했다. 귤이 나동그라지고 쪼개지고 한바탕 난리가 났다. 어린이들은 너무 재밌다며 수없이 줄을 서서는 콧등의 균형을 뽐냈다. 그 모습이 웃겨서 나도 줄을 서서 콧등의 균형을 뽐내 본다.

코에 올렸던 귤을 까 먹으며 어린이들의 삐죽삐죽한 마음을 살펴봤다. '미움', '반감', '화'와 같은 미움의 감정이 스멀스멀 피어 올라오는 것도 괜찮은 거구나 느끼길 바라는 마음으로 찬호의 입장을 더 헤아릴 수 있도록 머물렀다. 미운 감정들을 유쾌하게 담아낸 이야기를 읽으니 우리 마음에 존재하는 미운 감정은 자연스러운 거라는 사실을 깨달았다. 예쁜 감정만 표현해야 하는 부담을 떠안고 살아가는 것은 아닌지 어린이들의 세상을 살펴보게 되었다. 자기 마음 안에 있는 소리에 귀를 기울이면서 마음껏 서로 다른 감정과 감정 사이를 뛰어다녀도 된다는 것을 배우는 시간이었길 진심으로 바란다.

안개가 마지막 장에 나온 「꼬르륵」이라는 이야기를 꺼냈다. 이 이야기에는 할머니와 대학생과 열 살 꼬마가 나온다. 서로의 끼니를 걱정하며 자신의 마음을 서로에게 보내는 내용에서 눈물이 울컥 나왔다며 먼저 이야기를 건넨다. 나 역시 눈가가 촉촉해지는 이야기였기에 안개의 마음에 같이 섰다. 옆에서 그 모습을 지켜보던 순무, 제갈량, 유비, 풀꽃도 덩달아 할머니가 생각난다며 할머니 이야기를 했다.

"우리 할머니는 내가 감기에 걸리면 낙지 탕탕이를 해 주시는데 진짜 맛있어."

"낙지 탕탕이가 뭐야?"

"아, 그거 아픈 사람도 번쩍 일어나게 만드는 음식인데, 산낙지에 참기름, 계란 노른자, 송송 썬 쪽파를 올려서 먹는 거야."

"헉! 그걸 어떻게 먹어?"

"엄청 꼬들꼬들하고 고소해. 탕탕이를 입에 넣으면 입안에서 낙지가 막 움직인다."

"으악!!!"

"그런데 왜 탕탕이야?"

"탕탕. 힘이 난다고 해서 그런 거 아니야? 힘 나니까!"

울컥했던 이야기의 결말이 탕탕으로 마무리되려던 찰나, 안개가 맑게 이야기한다.

"제가 김밥을 엄청 좋아하는데요. 할머니가 방구석 그림책 친구들과 나누어 먹으라고 어제부터 김밥에 들어가는 재료를 사 오시고 준비하셨어요. 제가 좋아하는 김밥을 같이 나눠 먹으니 너무 좋아요."

김밥을 먹던 어린이들과 나는 입에 김밥을 가득 넣은 채로 "김밥 말아 주셔서 감사합니다!"라고 말하고는 와구와구 먹었다. 할머니가 정성스럽게 만 김밥이 방구석 그림책 어린이들에게 미움까지도 감싸 안는 큰마음으로 기억되기를 소망했다.

　집밥은 따스함과 참 잘 어울리는 단어인데 모락모락 김이 피어 오르는 음식에서 오는 따뜻함과 누군가의 정성이 담긴 마음이 어우러지니 곡진한 사랑이라 말하고 싶다. 엄마의 집밥만이 아닌 타인이 차려 낸 집밥을 먹고 감사할 줄 아는 방구석 어린이들이 누구에게나 환대받는 존재로 거듭나길 바라 본다.

기억의 방식

완연한 봄이 되자, 학교에 있었더라면 생각했을 단상이 떠오른다. 벚꽃이 피어나는 새 학기는 겹벚꽃이 피는 시기가 되어서야 비로소 꽃의 아름다움이 눈에 들어오는데, 이때까지도 새까맣게 바쁜 나날이 지속된다. 4월이 되어 '제주4.3사건'을 시작으로 '4.16세월호, 5.18광주민주화운동, 6월민주항쟁'을 이야기하다 보면 어느덧 한 학기가 끝나게 된다. 잊지 말아야 할 이야기를 전하고 다시 새기도록 하는 것이 사회 교사의 역할이라고 생각했다. 엄마로서도 어른으로서도 그 리듬을 잃지 않으려고 했다. 늦은 개학 덕분인지 시간의 감각이 많이 무디어졌다. 그래도 여름이 가기 전에 방구석 그림책 어린이들과 세월호에 대한 이야기를 나누고 싶었다. 더불어 제주 4.3사건에 대한 이야기도 하면 좋을 것 같았다. 『노란 리본』(허가윤, 우리교육), 『나무 도장』(권윤덕, 평화를 품은 책)을 나란히 준비했다. 비극의 상황을 설명해야 할 때, 그림책을 통해 풀면 명랑한 리듬이 기저에 깔린다. 그 명랑함으로 비극을 돌파하는 힘을 믿기에 그림책을 곁에 두었다.

여느 때처럼 방구석 그림책 어린이들이 미리 와서 놀고 있었다. '천개의 바람이 되어'(임형주)라는 음악을 잔잔히 틀어 놓았다. 슬프지만 따라 부르게 되고, 따라 부르며 슬퍼하게 되는 추모곡이다. 낯설게 흘러나오는 음악이 귀에 감기도록 여러 번 재생했다. 풀꽃과 안개가 슬프다며 다가왔다. 자연스럽게 어린이들이 책상 앞에 앉았고 『노란 리본』을 천천히 낭독했다. 알 듯 모를 듯 어른들의 언어로만 들었던 세월호 사건에 대한 책이라고 하니 더 깊이 새겨듣는 듯했다.

세월호 사건의 경위가 진상 규명과 맥을 같이하고 있기에 사실에 대한 설명은 신중해야 했다. 피스모모의 세월호 수업 자료를 토대로 설명했다. '세월호 교실, 4·16 기억저장소' 등의 홈페이지와 단체를 소개하며 함께 살펴봤다. 단순히 슬픔이라고만 단언할 수 없는 기운이 방에 감돌았다. 궁금증이 마음을 재촉했을 텐데도 잠시 침묵이 흘렀다.

"세월호는 왜 뒤집힌 거죠? 그리고 왜 사람들을 구하지 못한 거죠?"
"여러 가지 설이 있고, 아직 진상 규명이 안 된 부분이기도 하지."
"헐…… 아직도요? 왜요? 우리가 세 살 때 일어난 일인데요! 우리 지금 아홉 살이라고요."

믿기지 않는 눈빛을 보내는 어린이들에게 무엇을 어떻게 설명해야 하나 잠시 허둥댔지만, 믿을 수 없는 일이 세상에 생겨 버렸고 그 일을 함께 기억하고 배움으로써 앞으로 이 사회를 조금이라도 더 안전하게 만들어야 한다고 말했다. '역사가 반복되는 것이 아니라 사람이 반복하는 것이다.'라는 볼테르의 말처럼 또렷하게 기억하는 연습을 각자의 방식으로 이어 나가야 한다고도 설명해 주었다.

내가 오늘 하루 종일 틀어 둔 '천개의 바람이 되어'라는 음악도 먼지만의 기억의 방식이라고도 전했다. 시간이 지나도 마모되지 않을 감정들이 마구 섞여 있는데 거의 모든 사람의 코끝이 찡해진다. 어린이들에게 이 과정을 건너뛰고 사회의 좋은 단면만 보여 주고 싶지는 않았다. 사회의 여러 단면을 보고 느끼며 스스로 헤아릴 줄 아는 혜안이 맑게 피어오르면 좋겠다.

　세월호를 가르치고 배우는 세상은 정답보다 물음이 중요하다는 것을 우리는 잘 안다. 또 어른과 어린이들이 함께 느꼈던 충격과 슬픔과 무기력을 고백하고 이야기하면서 이해하고 공감해야 한다. 세월호의 아픈 기억을 고스란히 다음 세대에 전달하는 것에 그치는 것이 아니라 길을 잃었던 지점에서 다시 만나 함께 고민하면서 새로운 길을 찾는 시민으로 성장할 수 있게 서로 돕는 과정이다.

　"얘들아, 제주에 살면서 우리가 또 기억해야 할 것이 무엇일까?"
　"제주4·3사건이요."

어린이들이 소리 높여 이야기했다. 제주4·3사건은 제주에서는 유치원 때부터 시작되는 지역의 정체성교육이다. 제주4·3사건을 모르고서는 제주를 이야기할 수 없기 때문이다. 학교에서 선생님께 배운 제주4·3사건에 대해 할 말이 많은 어린이들, 아는 만큼 보인다는 말이 딱 맞다.

"우리 반 선생님이 제주4·3사건에 대해 설명해 주셨어요. 관덕정에서 시작되었잖아요. 제주도민들이 빨갱이로 지목되어 엄청 많은 사람들이 죽었죠."
"제주의 오름에 올라가면 동굴이 엄청 많아요. 모두 제주4·3사건 때 경찰과 군인들을 피해 중산간으로 올라간 제주도민들이 살았던 곳이잖아요. 저는 동굴에 많이 들어가 봤어요."

『나무 도장』을 낭독했다. 오랜 식민지지배에서 벗어나 자유롭고 평화로운 세상을 꿈꾸어야 할 그 시절에 제주에서 일어난 참혹한 학살의 현장을 보여 주는 책이다. 책은 '시리'라는 소녀의 시선으로 이야기를 이어 나간다. 시리는 비밀이 많은 어머니를 따라나서 오름의 어느 동굴로 들어간다. 그곳에는 무고하게 희생된 제주도민의 학살 현장에서 어린아이가 치마폭에 싸여 있었다. 그 아이의 손에 들려 있었던 나무 도장은 학살되기 직전에 시리의 엄마가 주고 간 유일한 물건이었다.

　삶과 죽음이 혼란스럽게 섞여 있던 시절이었지만, 그 안에서 누구를 되살리고 복원하는 정다운 삶도 펼쳐졌다. 권윤덕 작가가 제주4·3사건에 대해 하고 싶었던 이야기도 작은 생명에 씨앗이 될 수 있는 이야기를 복원하고 싶었던 것은 아닐까?

　우리는 현재와 미래를 연결하는 능력을 거의 바닥까지 상실한 듯이 살고 있지만, 과거에서 배우는 능력 또한 잃은 듯이 살고 있지만, 어린이들은 그렇지 않다. 언제든 과거와 현재와 미래를 오가며 시간 여행을 할 준비가 되어 있기 때문이다. 그렇기 때문에 더욱더 시간의 맥락 속에서 살펴봐야 알 수 있는 안목을 만들어야 한다. 과거와 현재, 미래를 연결하면 우리가 생각했던 것 이상의 것이 보이기 때문이다. 슬픈 일에서 마음과 마음을 연결하는 진귀한 가치를 알아 갔으면 좋겠다.

진짜
세상을 배울
기회

우정과 포유류 사이

학교에서 누군가 상을 받았나 보다. 책가방을 내려놓자마자 이야기하기 바쁜 아이다. 부러운 마음과 궁금한 마음을 동시에 담은 이런저런 질문을 나에게 던졌는데, 결국 어떻게 하면 상을 받을 수 있는지에 대한 것이었다. 아이의 마음을 찬찬히 들여다보니, 교실에서 그림을 그릴 때 자기도 친구처럼 잘 그린 것 같았는데 친구는 상을 받고 자기는 상을 못 받은 이유가 궁금한 것이었다. '나도 근사하고 저 친구도 잘하니 상이란 것이 아예 없으면 어떨까'라는 상상을 해 보며 어린이들이 상을 받지 못했을 때 어른들은 다들 무슨 말을 해 줄까 등의 여러 생각들이 마음속에서 마찰했다. '그 친구가 조금 더 잘했겠지, 우리도 조금 더 노력해 보자'라는 이야기 대신 무슨 말을 해야 좋은 어른으로서 어린이 곁에 있어 줄 수 있을까 고민했다.

'상이란 무엇인가?'라는 질문을 내던지며 방구석 그림책 어린이들과 함께 읽을 그림책 수상작들을 찾았다. 그 책을 읽으며 수상의 의미와 가치에 대해 이야기를 꺼내기가 편할 것 같다는 생각이 들어서였다. 수상을 한 그림책들은 단박에 알아볼 만큼 책 표지에 큰 금박이 찍혀 있다. 그중에서도 쓱쓱 대충 그린 듯한 그림으로 한눈에 산뜻한 마음이 들게 하는 『아모스와 보리스』(윌리엄 스타이그, 비룡소)를 골랐다. 무엇보다도 어린이들이 좋아하는 고래와 생쥐가 등장하는 책이라니 마음에 쏙 들었다.

『아모스와 보리스』의 작가인 윌리엄 스타이그 william steig 는 가족의 부양을 위해 만화를 그리기 시작하여 뉴요커의 표지를 장식하는 유명한 카투니스트가 되었다. 본격적으로 그림책 작가가 된 것은 61세 때부터라고 한다. 만화를 그렸던 그의 경력은 그림책에 많은 영향을 끼쳤다. 칼데콧상, 뉴베리상, 뉴욕타임즈상 등에서 각종 수상작을 쏟아 낸 그는 그림책 작가라면 받을 수 있는 영예로운 상을 모두 받았다. 수상작을 방구석 그림책 어린이들에게 소개하자 눈을 동그랗게 뜨고 집중한다. "우아, 금박이 이렇게 있네. 멋지다!" 라고 말하며 금박을 매만지는 어린이들. 경이로운 눈빛과 손짓이 살아 있다.

'어느 바닷가에 아모스라는 생쥐가 살았어요. 아모스는 바다를 사랑했어요.'라는 첫 문장으로 낭독을 시작했다. 바다를 흠모했던 생쥐는 머나먼 바다 건너편의 낯선 세계에 대한 갈망으로 배를 만들기 시작한다. 곧 항해를 시작하지만 생쥐가 바다에 빠지게 되면서 위기가 시작된다. 자기를 스스로 보호하기 위해 뭘 해야 할지 모르는 생쥐 아모스는 지칠 대로 지쳐 가는데 그때 커다란 머리가 물 위로 불쑥 떠오르더니 고래 보리스가 나타난다. 아모스는 보리스의 등 위에 누워 강렬한 태양빛을 받으며 바람을 즐기기도 하고 보리스와 함께 잠수와 수영을 하며 즐겁게 우정을 다져 간다. 아모스의 고향에 도달하는 시간 동안 보리스는 섬세하고 우아하고 손길이 가볍고 목소리는 작고 보석같이 빛나는 생쥐 아모스에게 감탄하고, 아모스는 커다랗고 당당하고 힘 있고 결단력 있고 목소리가 굵고 아주 다정한 고래 보리스에게 감탄한다. '아, 이 부분에서 방구석 그림책 어린이들에게 서로의 장점을 써 보자고 하면 좋겠다.'는 생각이 들었지만 다시 마음을 고쳐먹었다. 나의 넘치는 의욕이 어린이들에게서 책 읽는 재미를 빼앗아 갈지도 모르니 말이다. 여러 해가 지난 후 허리케인이 몰아닥쳐 보리스는 파도에 휩쓸려 해변으로 떠밀려 와 죽음의 위기를 맞게 된다. 아모스의 도움으로 보리스는 다시 바닷속으로 들어가며 목숨을 구한다. 죽음의 문턱을 넘나드는 경험을 공유한 두 친구는 우정의 참 뜻을 되새기며 헤어짐을 맞이한다.

어린이들과 함께 낭독을 하고 나니 마치 우리가 아모스와 보리스가 된 것처럼 마음이 찹해지고 뿌옇던 시야가 환해졌다. 어린이들이 뭉클한 감정을 느꼈으리라 생각하며 우정, 사랑, 죽음, 지혜 등 이야기 나눌 것이 많겠다고 생각하던 순간에 웅성웅성 들려오는 소리.
"아모스가 고래야? 보리스가 고래야?"
어린이의 질문에 시야가 다시 뿌옇게 된다. 나란히 앉아 있던 친구들이 정성 들여 설명한다. 물었던 어린이는 이름만 헷갈렸을 뿐이지 내용은 다 알고 있다며 머쓱한 웃음을 지어 보였다. 예전 같았으면 이야기를 읽고서도 주인공 이름을 매칭하지 못했다며 싸늘한 눈빛을 보내고 설명하는 데 급급했을 텐데 어린이들에게 주도권을 넘겨주니 서로가 서로에게 배우는 윤기 나는 시간이 생긴다. 몇몇 어린이들과 눈을 맞추어 본다. 우정을 나누며 서로의 도움으로 죽음을 헤쳐 가는 책 속의 두 주인공에게 적잖이 감동받은 눈빛이 있다.

돌아가면서 인상 깊은 글귀를 짚어 즈기로 했다. 같은 책을 읽었지만 어린이들의 표정은 다양하고 재밌다. 입술을 삐죽거리는 어린이, 입꼬리가 올라간 어린이, 미간을 찌푸린 어린이, 눈이 더 커진 어린이. 각기 다른 표정만큼 꺼내는 이야기도 달랐다. 아모스가 치즈와 비스킷, 도토리, 꿀, 보리, 나침반, 망원경, 요요와 놀이용 카드도 함께 실었다는 부분에서 한 어린이는 요요를 가져가면 심심하지 않겠다면서 요요를 하는 손짓을 하며 항해에 대한 설레는 마음을 전해 주었다. "커다란 고등어처럼 큰 물고기나 상어가 나타나면 어떡하죠?", "자기를 보호하려면 뭘 해야 할까요?"라고 질문하며 무척 두려울 것 같다고 안타까운 표정을 짓는 어린이도 있다. "바다에 있는 것이 얼마나 좋은지 알려면 바다 밖에 있어 봐야 해. 고래라면 말이지."라고 꼭 집어 말하는 어린이는 왠지 이 문장이 핵심인 것 같다고 심오한 미소를 지어 보였다.

  '난 물고기가 아니야. 난 생쥐야. 세상에서 가장 높은 생명체인 포유류라고. 난 육지에서 살아.'라는 말이 매우 인상 깊었다는 어린이의 말에 일동 얼굴빛이 환해지며 목소리가 커진다. 생쥐도 고래도 척추가 있으니 포유류라는 이야기가 흘러나온다. "새끼를 낳아야 포유류지!" 라며 알고 있는 지식도 뿜어낸다. 그때 튀어나온 "오리너구리는 알을 낳잖아!" 라는 말에는 어린이들의 눈이 휘둥그래진다. "『그럼 오리너구리 자리는 어때?』(제랄드 스테르, 물구나무) 라는 책 안 읽어 봤어? 거기에 나와." 나도 동시에 눈이 휘둥그래졌다. 오리너구리까지는 생각을 안 해 봤다. 친구와의 우정을 소재로 시작된 어린이들의 이야기는 새끼를 낳느냐, 척추가 있으냐, 포유류의 분류 기준은 무엇인가에 대한 질문으로 빠져들었다. 포유류의 분류 기준에 대해서 더 찾아보고 이야기 나누자며 대화가 가까스로 마무리되었다. 마중물처럼 서로의 질문으로 또 다른 것을 연결하는 어린이들에게 자연스럽게 물었다.

"얘들아, 이 책은 왜 상을 받게 되었을까?"

"받을 만했어요. 이 책 되게 재미있어요. 할 말이 너무 많았어요."

"감동적인 부분도 많았고요. 내가 만약에 아모스였다면, 보리스였다면 어땠을까 생각하게 되었어요."

이미 답은 어린이들의 마음 안에 있었다. 어린이들이 배움의 과정에서 우리가 세상에서 마주하게 되는 상, 수상의 가치를 알고 상을 받을 때의 찬란한 기분, 상을 받은 친구에게는 기꺼이 축하해 주는 마음의 여백이 생기면 좋겠다.

예상컨대, 방구석 그림책 어린이들의 머릿속엔 '포유류의 기준이 뭘까?' 라는 미궁의 질문이 바닷속에서 헤엄치고 있었으리라. 포유류를 나누는 기준은 어미가 새끼에게 젖을 먹이느냐 안 먹이느냐로 분류된다는 것을 나중에야 알게 되었으리라. 비록 방구석 그림책 수다 시간에 풀리지 않았던 궁금증이었지만 훗날 동물의 삶과 포유류를 배우며 스스로 지혜롭게 알아 가기를 바라 본다.

훌쩍거리며 읽었어요

안개 엄마와 가끔 통화를 하는데 그날 대화는 안개가 요즘 어떤 책을 읽는지, 어떤 것에 관심이 있는지에 대한 내용이었다. 인터넷 서점에 신간으로 올라와 있는 '『꽝 없는 뽑기 기계』(곽유진, 비룡소)'라는 책을 구매했고 배송될 날을 기다린다고 했다. 다음 주 방구석 그림책을 별다르게 준비하지 않았기에 안개가 직접 고른 책이라 더 기다리는 중이라는 이야기에 나는 미리 책의 이름과 흐름을 익혀 두었다. 책 표지도 예쁘고 '뽑기 기계'라고 하니 어린이들이 좋아할 것 같았다. 나도 서둘러 책을 주문하고 배송을 기다렸다.

나른한 평일 오후, 책을 읽고 별다른 일정이 없었던 유비, 풀꽃 그리고 제갈량은 하나둘 모아 두었던 동전을 꺼냈다. 심심했는지 작은 설렘이라도 만끽하려는 듯 뽑기를 하고 오겠다고 이야기했다. 불현듯 미리 주문했던 『꽝 없는 뽑기 기계』가 떠올라 나도 같이 따라나서겠다고 했다. 우리는 작은 마트 앞에 있는 뽑기 기계 앞에 멈추어 동전을 넣고 드륵드륵 돌려 뽑기 공이 나오길 기다렸다. 뽑기 공이 뽕 하고 나오면 모두 박수를 쳤다. 뽑기 공을 열어 그 안에 있는 것을 보면 아쉬움과 탄식이 터져 나왔다. 옆에서 가만히 구경만 하다가 왠지 내가 하면 근사한 것이 나올 것 같아서 오백 원을 넣고 돌렸다. '드륵드륵' 소리를 내며 뽑기 공이 나왔다. 정체 모를 장난감이 나와 나도 모르게 아쉬움에 발을 동동 굴렀다. 아이들이 한 번씩, 두 번씩 뽑기를 하는 동안 자꾸 작은 기대를 하게 되는 나를 발견했다. 조그마한 기대와 작은 낙심이 오르내리던 어느 날, 책이 배송되어 왔다. 제목을 보자마자 서로 읽겠다고 해서 나보다 아이들이 먼저 책을 읽었다. 눈이 벌개져서는 슬픈 내용이라는 유비, 부모님의 죽음을 소재로 한 내용이라며 오열하는 풀꽃, 슬픈 내용을 이야기로 만들었다며 무심하게 이야기하는 제갈량. 내가 원했던 반응과 조금 달라 서둘러 책을 읽고 방구석 그림책 어린이들을 맞았다. 어린이들에게 책이 어땠는지 물어봤다.

"먼지, 저는 눈물이 펑펑 쏟아졌어요. 너무 슬펐어요."

안개가 정말 슬픈 표정으로 이야기를 했다. 어떤 것들이 슬펐는지 단어로 이야기해 보자 하니 '칫솔, 뽑기, 동전'이라는 단어를 꺼내며 왜 슬픈지도 이야기했다. 안개는 "난 뽑기를 하면 안 돼."라는 말이 사무치게 다가왔다고 했다. 뽑기를 하자고 조른 희수 때문에 부모님이 사고를 당했고 희수가 정말 두려울 것 같다고 이야기했다. 한편 순무는 조금 받아들이기 어려운 내용이었는지 헷갈린다고 했다. 그러자 어린이들은 '내용이 어려웠다', '다 읽어도 이해 안 되는 부분이 있었다'고 해서, 내용의 구성이 어렵게 얽힌 부분이 있는 것 같아 이해를 돕기 위한 설명을 덧붙였다.

희수네 가족은 가족 여행을 가기 위해 모두 차에 오른다. 출발하려는데 희수가 뽑기를 하고 싶다고 조르는 바람에 아빠는 차를 돌리고, 그 순간 큰 사고가 나게 된다.

희수와 희수 언니가 병원에 나란히 누워 있는 모습에서 부모님을 불의의 사고로 잃게 되었다는 것을 유추해야 한다. 희수가 슬플 때마다 잔잔한 바람이 불어오는 골목길에 있는데 거기서 뽑기를 하며 상상의 엄마와 아빠를 만난다. 상처로 얼어붙은 마음을 뽑기를 통해 치유하게 된다는 내용이다.

　예상했던 것보다 많이 슬펐다. 슬픔을 머금은 내용의 그림책을 보게 되면 가슴이 철렁 내려앉을 때가 많다. 어쩌면 나도 모르게 슬픈 내용보다는 밝은 내용만 찾고 있었는지도 모르겠다.

　슬픔이라는 감정이 드러난 이상 침울하게, 그렇다고 과장되게 시간을 보낼 수 없다고 생각했다. 슬픔도 인생의 곁에 늘 있다는 것을 상기하면서 넓은 마음으로 책을 다시 낭독해 보기로 했다. 함께 낭독을 하니 이해가 더 잘되었다. 이해와 공감을 키우는 데 낭독만 한 것이 없다. 슬픔을 조금 더 가까이에서 만날 수 있었다. 청정하고 밝은 이야기만 들려주면 정작 어린이들이 진짜 현실에서 만나는 슬픔은 살피지 않게 될 것이다. 이미 어린이들은 학교에서 슬픔, 번뇌, 견제 등 어른들이 느끼는 것들과 별반 다르지 않은 경험을 마주하고 있는데도 말이다. 슬픔에 더 적극적일 수 있도록, 자연스럽게 슬플 용기도 마음 한 켠에서 자랄 수 있지 않을까.

낭독을 마치고 난 후 순무가 특유의 편안한 말투로 이야기했다.

"먼지, 저는 '슬플 때마다 바람이 부는 골목 문구점으로 이동하는 것'이 참 인상 깊어요. 저는 이렇게 시간 여행을 하는 게 좋아요."

순무의 이야기를 시작으로 시간 여행을 하는 판타지 fantasy에 대한 이야기를 하게 되었다. 판타지는 터무니없는 가상 세계에서 벌어지는 일이나, 일어날 수 없는 일들이 예상을 깨며 빈번히 일어나는 사건을 담은 문학작품이다. fantasy의 어원은 그리스어 동사인 phantasein으로 '눈에 보이게 하다'라는 뜻을 지녔다. 판타지는 현실의 구멍들을 눈에 보이게 한다. 우리가 잃어버린 중요한 가치가 무엇인지, 힘의 논리로 돌아가는 세계 속에서 억압받는 존재가 누구인지, 어려움을 겪고 있는 이가 누구인지, 우리 모두가 누릴 수도 있었을 평화로운 세계는 어떤 모습일지를 자꾸만 생각하게 하는 궁극의 질문을 던지는 것이 '판타지'라고 생각한다. 낯선 슬픔의 감정에 풍덩 빠져 보기도, 익숙한 기쁨에 대해 다시 한 번 경이의 느낌을 갖는 신선한 인식을 시간 여행, 판타지를 통해 어린이들이 충분히 만끽했으면 좋겠다.

책의 주인공 희수가 슬플 때마다 바룬이 부는 골목 문구점으로 이동하듯 방구석 그림책의 어린이들도 어른이 되어 힘이 들거나, 슬픈 일이 생겨 마음의 위로가 필요할 때 마법의 시간 이동을 해서 그날의 온기를 느끼는 방구석으로 풍덩 빠져들면 좋겠다.

어쩌면 내가 어린이들과 방구석 그림책으로 함께하고 싶었던 이유도 어린이들이 시간과 공간의 여행을 할 수 있는 여지를 만들어 놓기 위한 것인지 모른다. 위로가 필요한 날에 걸터앉아 쉴 수 있는 유년 시절의 전경을 만들어 놓기 위해.

약방의 감초와
동의보감

　　　　　　　　유비는 『동의보감』을 읽는다. 『동의보감』 옆에는 『약초대백과』, 그 옆에는 『본초강목』, 『버섯대백과』, 그 옆에는 경혈 책이 꽂혀 있다. 유비의 책장은 동양의학서로 가득하다. 어릴 적 노상 밖에서 놀았던 유비는 움직이는 사물에 관심이 많은 편이었다. 풀과 나무, 꽃, 곤충이 유비의 주된 관찰 대상이었다. 낮은 자세로 앉아 있는 어린이들에게만 보이는 작은 세상 안의 생명을 관찰한다. 유비는 밖에 나갈 때면 망원경, 나침반, 돋보기를 재빠르게 챙겼다. 양말도 신기 전에 말이다. 그렇게 자기만의 지식을 구성해 나갔다. 언제인가 바닷가 옆에 있는 서점에 갔는데 책 한 권을 사 달라고 했다. 엄청난 두께의 『동의보감』이었다. 조금 망설였던 나에게 유비는 가뿐하게 제안했다. 궁금했던 것들이 많이 나와 있는 책이니 당연히 사야 한다는 표정이었다. 책이 우리 집에 온 이후 유비는 『동의보감』에서 눈을 떼지 않았다. 틈만 나면 『동의보감』을 읽었다. 무엇을 읽고 있는지, 이해를 하고 있는지 물어보지 않았다. 다만 유비가 나에게 물을 때가 많았다.

"엄마, 지난번에 아프다고 한 두통은 좀 어때요? 편두통이에요? 눈 옆을 꾹 눌러 보세요. 버드나무 껍질이 있으면 좋은데……. 야생 국화도 좋고요."
"아, 그렇구나. 유비야, 그럼 그걸 어디서 구하지?"
"그러게 말이에요. 저도 고민하고 있어요."

"어깨 통증은 어때요?"
"앞뒤 목이 뻣뻣해서 그런데 몸을 따뜻하게 해야 해요. 우슬이나 오가피를 먹으면 좋은데요."
"그걸 어떻게 먹지?"
"그러게 말이에요. 고민하고 있어요."

가족의 얼굴을 살펴보는 횟수가 많았는데 얼굴빛을 확인하고는 『동의보감』을 뒤적이며 해결책을 찾아 주었다. 이만하면 어린이 허준이라고 부를 수도 있겠다며 든든하게 생각했다.

　어느 날은 할 일 없이 놀다가 서점에 간 적이 있는데 서점 계산대에 손바닥 크기의 『한방약초수첩』을 보더니 유비의 눈이 동그래졌다. 그러면서 자기가 이 책을 찾고 있었다고 했다. 『한방약초수첩』 겉표지에는 풀과 꽃과 식물, 약초가 가득 그려져 있었다. 약초에 대한 설명이 나와 있고 그 약초를 차로 끓여 먹는 방법이 소개되어 있었다. 천천히 책을 살피던 유비는 "외숙모가 어떤 암이었어요?", "여기 그 병을 고칠 수 있는 약초가 있는데, 왜 병을 못 고친 걸까요?", "어른들은 이것을 외숙모에게 먹이지 않았어요?", "외숙모가 다닌 병원은 서양의학으로 병을 고치는 데죠?", "동양의학으로 병을 치료했다면 어땠을까요?" 연이어 쏟아져 나오는 질문은 그동안 아무 말 없이 제갈량 곁에 묵묵히 함께 있어 주었던 유비만의 생각들이었다. 질문을 쏟아 낸 유비는 대답을 들으려고 질문을 했다기보다는 정말 궁금했던 자신만의 마음을 표현한 것이었다. 약초들을 어떻게 먹어야 할지 잘 나와 있다며 그 책을 애지중지 갖고 다녔다. 오름이나 바다에 갈 때 꼭 들고 다니며 들풀과 약초를 관찰했다.

어느 날 할머니를 따라 오일장에 가 보았던 유비가 오일장에서 약초를 구할 수 있게 되었다면서 무척 기뻐했다. 5일마다 열리는 지역의 전통시장을 유비는 손꼽아 기다렸다. 영지버섯과 감초, 더덕과 인삼 등을 사야 한다고 장날 아침부터 설레어 했다. 약초 상에 가 상인에게 묻기도 전에 영지버섯을 찾은 유비는 "영지버섯이다!" 라고 소리를 내지르며 영지버섯을 두 손으로 감싸 안는데, 그 경이로운 표정이란……! 내친 김에 인삼, 겨우살이, 감초 등을 조금씩 샀다.

"유비, 이 맥문동 한번 볼래?"
"보리차처럼 고소하고 담백해. 우려내기만 하면 되는데 어깨 통증에 매우 좋아."
"엄마가 어깨 통증이 심하니 맥문동 사야겠어요."

약초 앞에서는 쉽게 지갑이 열리는 유비였다. 땅콩처럼

생긴 '맥문동'이라는 약초를 알게 된 후로 종종 마시는 맥문동차는 정말 고소하고 목 넘김이 좋은 약초차였다. 어느 날 학교 운동장에서 놀던 유비가 "맥문동이다!"라며 외쳤다. 살펴보니 진한 푸름을 띤 긴 잎이 무성하게 자라 있었다. "맥문동은 무성한 잎사귀 밑에 있는 뿌리에서 나온 것을 우려먹는 거죠."라며 기특하게 이야기했다. '학교에서 약초를 보다니 신기하다'면서 맥문동은 아파트 단지나 학교 교단에 많이 심어져 있다고 했다. 무성하게 자라고 키우기 편한 식물이라서 그렇다는 설명도 덧붙인다. 그날 이후, 맥문동을 수십 번 보았다. 이 역시 유비가 열어 준 약초 세상 중 하나였다.

 장날이 되면 약초 장을 봐야 한다는 유비는 약초 상인과 끝없는 수다를 떤다. 그 옆에서 나는 다소곳이 두 손을 모으고 유비를 기다려 준다. "오늘 좀 피곤하네." 라고 읊조리면 재빨리『동의보감』을 뒤적이며 증상을 찾고 그 증상에 쓰일 약초를 찾은 후『한방약초수첩』에서 차를 만들 방법을 고안한 뒤 바로 차를 끓였다. 작은 두 손으로 정성껏 달여낸 차를 갖고 온다. 차를 마시고 증상이 호전되었는지도 꼭 확인한다. 아까 피곤한다고 한 건 지금은 괜찮냐고 묻는다. 괜찮다고 이야기하면 유비는 '그럼 그렇지' 하는 표정으로 다시 『동의보감』을 살펴보곤 했다.

　유비의 이야기를 다른 사람에게 전하면 기특하다는 반응도 있지만 그렇게만 두어서는 안 된다는 조언도 더러 듣게 되었다. 나를 보는 약간의 한심하다는 듯한 눈빛이 서려 있는 것도 같았다. 과학 쪽으로 높은 관심을 보이는데 에서 과학 학원을 알아봐야 하는 것 아니냐는 조언을 듣기도 했다. 어느 날은 이웃 언니와 함께 과학 학원에 상담을 간 적도 있었다. "지금 그럴 때가 아닙니다."라는 말을 얼마나 들었는지 모른다. 다리가 풀려 학원을 나온 기억도 있다. 스스로 지식을 구성해 나가는 유비 옆에서 지켜보기만 해도 좋을지 개입해야 맞을지 고민이 되었다. 행여나 친절하게 가르쳐 주는 지식 앞에서 지적 호기심이 사그라들지 않을까 하는 고민도 있었다. 유비의 꿈을 이루기 위한, 흔히 이야기하는 '로드맵'을 만들어야 한다고 닥달하는 다른 어른들 앞에서 한없이 작아진 적도 있었다. 하지만 결국 스스로 지식을 구성하는 유비에게 힘을 더 실어 주기로 했다. 유비의 몰입에 방해가 되지 않도록 지켜보는 것이 더 나을 것 같았다. 오히려 말을 줄이고 시선을 줄이는 일, 잠깐씩 나에게 머무르다 가는 어린이에게 어느 길이든 신나게 걸어 나갈 지혜의 근력을 키워 주는 일에 마음을 보태기로 했다.

 겨울방학이 되었을 때, 어디로 떠나 볼까 하며 가족들의 의견을 들었다. 동의보감촌이 있는 지리산에 가 보자는 이야기가 흘러나왔다. 가족들은 환대했다. 이 이야기를 이웃 언니에게 전했다.

 "언니, 지리산이 있는 산청에 동의보감촌이 있더라고요. 이번 겨울방학 때 가 보려고요."
 "먼지, 지금 지리산 갈 때니? 제발 수학 선행이라도 시키라고."

 그때는 그냥 웃고 말았지만 무색한 겨울방학이 되지 않도록 유비 옆에서 애써야겠다 생각했다. 몸과 마음이 자라며 꿈이 바뀔 수도 있다. 하지만 유년 시절에 무언가에 몰두했던 경험, 돌파했던 경험이 유비를 더 자라게 할 것이라 믿는다. 비록 수학 선행을 하지 않고 지리산에 반달가슴곰을 보러 가겠지만 아이에게 자기 느낌을 가져 볼 기회, 진짜 세상을 배울 기회를 더 주고 싶다. 잘 닦여진 로드맵은 아니지만 살면서 울퉁불퉁 힘든 고개를 넘어갈 수 있는 지리산 숲속 길을 안내하고 싶다.

약방의 감초

약방의 감초는 저의 또 다른 별명입니다.

왜냐하면 저는 꿈이 한의사이어서 한의사가 되려면

약초와 한자를 잘 알아야 하기 때문입니다.

그리고 약방의 감초의 뜻은 약의 단맛을 넣는 게 감초이어서

저도 친구들과 잘 어울려 놀기 때문입니다.

그리고 감초는 달아서 사람들이 많이 좋아해서

사람들도 저와 놀 때 많이 좋아하기 때문입니다.

그리고 저도 감초가 달고 약효가 좋아 좋아하기 때문입니다.

그리고 감초는 뿌리 약초이고

저도 제가 뿌리처럼 굳건하고 의지 있게 잘 자라면 좋겠기 때문입니다.

효능:독성을 풀고 인후통을 없애고 만성해소, 복통, 변이 묽게 나올 때, 종양을 완화합니다.

-유비가 쓰다.

친구가 왜 좋은지 알아?

"고모, 오늘 우리 반 여자 친구들이 선생님한테 막 혼났어요!"

"왜 혼났어?"

"여자 친구들끼리 쪽지를 주고받았는데 쪽지에 누구누구랑 놀지 말자는 내용이 있어서 선생님이 엄청 화가 나신 것 같아요."

제갈량의 말을 들은 풀꽃과 유비는 "왕따를 시킨 거네.", "그거 학교 폭력인데……." 하는 이야기를 연거푸 웅얼거렸다. 초등학교 2학년 어린이들 사이에서도 벌써 이런 일이 일어나는구나 싶어 "그 친구들은 왜 놀지 말자고 한 거야?" 라고 조금 더 자세히 물어봤다. 제갈랑은 더 이상은 잘 모르겠다며 고개를 까딱댔다. 중학교 교실에서나 일어날 법한 일이라고 생각한 일들이 초등학교 교실에서도 버젓이 생겨나고 있다. 어린이들에게 무조건 '다 같이 잘 지내야 해. 모두가 친구야. 친구의 친구는 친구!'라는 공익광고 문구처럼 다가가기엔 너무 내길한 일들이 교실 속에서 펼쳐지고 있었다.

  초등 저학년 어린이들은 여러 면에서 태도적인 부분이 굳건히 서는 시기다. 선생님과 친구들을 만나면서 학교와 배움, 관계에 대한 윤곽을 서서히 잡아 나간다. 좋은 벗과 좋은 스승을 사귀며 관계에 대한 긍정적인 느낌도 받는다. 특히 여학생들은 친한 친구, 단짝 만들기를 기꺼이 단행하는데 내가 어린이였던 그 시절에도 단짝 친구에 대한 부푼 기대가 있었기에 지금 어린이들의 그 모습이 정겨웠다. 풀꽃에게도 서로의 집에 자주 오가며 친하게 지내는 친구가 있다. 그 둘의 우정을 살피며 나까지 행복해지기도 했다. 남학생들은 이 시기에 한창 무리 지어 다니기를 좋아한다는 것도 알게 되었다. 남학샹들은 『친구랑 싸웠어!』(시바타 아이코, 시공주니어)의 주인공들처럼 친구와 주먹을 불끈 쥐고 싸우는 것도 전혀 개의치 않는다. 그림책을 보면서 놀라웠던 것은 남자 어린이들이 마찰하는 부분을 편하게 그려 내는 그림책이 많다는 사실과, 여자 어린이들이 갈등하는 양상은 심리적으로 섬세하게 묘사하면서 좋게만 해결하는 결말의 이야기가 많다는 것이다. 갈등의 양상이나 해결하는 방향을 제시하는 것이 다른 면에서는 또 하나의 감수성이 학습되나 싶어 의아했고, 그래서 더 책을 신중하게 골라야 했다. 교실에서 어린이들 사이에 일어나는 '험담', '동조', '친구', '관계'에 대해서 분명하게 이야기해 주고 재배열하면 좋을 것 같았다. 방구석 그림책 어린이들과 『비밀귀신』(장수민, 파란자전거)을 같이 읽고 수다를 떨어 보기로 했다. 여러 모로 적나라하게 나온 부분이 있어서 『친구란 어떤 사람일까?』(채인선, 미세기)도 함께 준비했다.

"이 책에는 귀신이 나온다. 이히히히히히~!" 하며 어린이들에게 무서운 기운의 서두를 띄웠는데 내 생각처럼 어린이들은 웃지 않았다. 이번에는 "아무에게도 말하지 마, 이히히히!" 하며 목소리를 죽여 이야기해 봤는데도 웃지 않았다. 어린이들은 꽤 진지하게, 빨리 책이나 읽으라는 눈치를 보냈다.

『비밀귀신』에는 두 명의 단짝 친구가 나오는데 '예나'와 '소희'가 그 주인공이다. 둘은 많은 것을 공유하며 친구들의 흉을 보기 시작한다. 예나는 "꼭 너만 알고 있어야 돼."라며 소희에게 친구들의 나쁜 점을 이야기하고 소희는 예나의 말에 맞장구를 친다. 그런데 예나와의 비밀을 지키자니 입이 근질근질한 소희가 저금통에 친구들의 비밀을 쓴 쪽지를 보관한다. 비밀은 귀신이 되어 쪽지에 적힌 이야기를 퍼뜨린다. 주인공이 사소하게 한 험담은 눈덩이처럼 커져 걷잡을 수 없게 된다.

책을 함께 읽던 남자 어린이들이 먼저 운을 띄웠다.

"왜 자꾸 쪽지를 쓰는 거야?"
"먼지, 저는 여자 친구들끼리 쪽지 쓰는 게 신기해요. 그냥 이야기하면 될 것을……."

남자 어린이들의 이야기에 여자 어린이들이 응수한다.

"쪽지로 마음을 나누는 거지!"

"먼지도 어릴 적에 친구랑 편지나 쪽지를 많이 주고받았어. 지금도 보관하고 있는걸."

"진짜요?"

"그럼. 그리고 먼지는 달리기와 자전거 타기를 좋아해서, 운동을 하면서 친구와 놀기도 좋아했어. 그 안에서 우정도 퐁퐁 샘솟았고. 우정을 만들고 가꾸어 나가는 방식은 사람마다 다를 수 있지. 그건 남녀의 차이라고 생각하지 않아. 자기만의 방식이 있을 뿐이야."

'비밀귀신'의 존재를 궁금해 하기에 앞서 친구들끼리 쪽지 교환을 하는 것을 신기하게 바라보는 어린이들이 있었다. 남자 친구들과 여자 친구들의 표현 방법이 다르다는 것에 머물기보다는 사람마다 자기만의 방식이 있다는 것을 분명히 알려 줄 필요가 있었다. 동시에 책 속의 주인공 예나와 소희의 행동에 대해서는 더 이야기해 볼 필요성도 느껴졌다.

"얘들아, 그런데 누가 잘못한 걸까?"

"예나요."

"소희요."

"아…… 둘 다 잘못했어요."

 둘 다 잘못했다는 응답이 나오기까지는 그리 오래 걸리지 않았지만 다른 친구의 험담을 들어 주던 소희에게도 잘못이 있다는 것을 수용하는 것에는 조금의 적극적인 '이해'가 필요했다. 대개 우정을 더 돈독하게 만들기 위해서 다른 친구의 흉을 함께 보는 경우가 갆다. 어른들도 그렇지만, 어린이들의 세상에서는 더욱 그렇다. 마음의 품이 자라나고 있는 어린이들이기에 누군가와 친해지기 위해서 다른 이에 대한 부정적인 것을 공유하는 것보다는 서로가 좋은 친구가 될 수 있도록 스스로를 돌아보는 마음의 거울을 비추게 하는 것이 옳다고 샹각했다. 상반된 감정이 한 마음속에 존재하는 것에 어색함이 생길 때, 부정적인 감정과 느낌을 바깥으로 밀어낼 수 있도록 연습하는 태도도 중요했다.

 『비밀귀신』의 예나가 다른 친구를 흉볼 때 소희가 가만히 들어 주기보다는 "예나야, 나 친구 흉보는 말 듣고 싶지 않아. 우리 다른 이야기 하면 어때?" 라고 환기를 시키고 부정적인 이야기에서 빠져나오도록 애써 주는 것이 서로에게 좋을 것이다. 실제로 어린이들에게 이런 상황이 생길 때 친구의 이야기를 가만히 들어 주지 않으면, 이야기한 친구는 삐쳐서 울퉁불퉁한 표정을 짓기도 할 것이다. 어린이들이 이런 이야기를 한다면 그럴 땐 '그 친구의 마음의 크기가 그 정도구나.'라고 가볍게 응수하고 그것을 수용하는 것도 그 친구의 몫이라고 이야기해 주는 편이 낫다. 어른이 되어서도 어린이의 모습과 같은 어른이 있고, 어린이지만 어른보다 더 나은 모습과 태도를 가진 어린이도 있다. 관계의 모습은 어린이나 어른이나 진실한 마음에서 비롯된다는 것도 알려 주자.

『친구란 어떤 사람일까?』로 내 마음을 전하면 좋겠다고 생각해서 어린이들과 한 장씩 번갈아서 읽어 보았다.

"친구가 왜 좋은지 알아? 친구는 서로 잘되기를 바라는 사람이거든. 샘내지 않고 크게 부러워하지 않으면서 서로가 잘되기를 바라고 또 바라는 거지. 혼자서는 할 수 없는 일도 친구와 함께라면 할 수 있어. 백 가지도 할 수 있고 천 가지도 할 수 있어. 세상을 이롭게 하는 일, 사람을 웃음 짓게 하는 일. 얼마나 신나고 가슴 벅찰까? 오늘 친구와 무엇을 할 거니?"

　방구석 그림책 어린이들이 다양한 벗고- 연결되어 우정에서 귀한 지혜를 얻어 가며 반짝반짝 빛나는 유년 시절을 보냈으면 좋겠다.

　이 책을 읽고 얼마 지나지 않아 내 오랜 벗들을 만났다. 오랜 휴직 시간을 정리하고 복직을 준비하고 있던 나는 25년 동안 우정을 나눈 친구들과 짧은 여행을 가기로 결정했다. 모두가 각자 육아라는 지난한 과정을 통과하는 중이고 시간이 덧없이 흐름을 경험하고 있어서 일상에서 벗어나 여행을 감행하는 일이 꽤 쉬운 결정은 아니지만, 어느새 없던 용기가 물끄러미 고개를 내밀었다. 친구들과 함께 여행 결의를 다지며 우리에게 주어진 우정의 기쁨을 소홀히 하지 않기로 했다.

행복을 꿈꾸는 마음

　　　　　핸드폰이 울렸다. 그날따라 유난히 급하게 울리는 것만 같은 핸드폰 소리에 나도 재빠르게 받았다. 안개 엄마였다.

"언니, 어제 방구석 그림책 모임도 좋았나 봐요. 안개가 즐거웠대요. 지난번에 『아모스와 보리스』 책도 아빠가 읽어 줬는데 뒷부분이 궁금하다면서 빨리 읽어 달라고 하더라니까요. 안개가 일주일에 두 번 할 수 없냐고도 물어요. 정말 고마워요. 언니!"

"아, 그래? 안개가 그렇게 이야기해 주었다니 정말 기분 좋다."

"그래서 말인데요. 언니, 저는 언니가 조금이라도 수강료를 받고 해 주시면 좋겠어요. 순무 엄마에게는 제가 이야기하려고요."

"어, 그게……. 내가 휴직 상태이고 수강료나 강사비를 받으면 안 돼. 그냥 하는 게 나도 마음이 편하고……. 생각해 줘서 정말 고마워."

정신이 퍼뜩 들었다. 안개 엄마의 표현은 너무나 진실한 선의의 마음에서 비롯된 것이다. 휴직자의 신분이라 수강료 같은 것을 받을 수도 없었지만 또 다른 이유도 있었다. 하나는 내 마음에 대한 진정성을 스스로 시험해 보고 싶었기 때문이었고, 또 다른 하나는 경제적 가치로 환산할 수 없는 배움 그 너머의 가치에 대해 어린이들에게 당당하게 이야기할 수 있는 어른이 되고 싶었던 이유였다. 그리고 또 하나는 효율성을 위한 결과의 담보에 대해 마음 놓음을 경험하기 위해서였다.

며칠 동안 안개 엄마의 제안이 마음에 남았고, 수강료의 유무가 우리 방구석 그림책 모임의 진정성에 저해가 되지 않도록 내가 많은 노력을 기울여야겠다고 생각했다. 돈이라는 가치로 환산할 수 없는 선물 같은 순간을 서로에게 주는 시간이라고 생각하고 더 고심하기로 했다.

풀꽃의 피아노 학원에 갔다가 같이 나오는 길에 근처 문방구에 갔다. 특별히 살 것은 없었는데 그날따라 유난히 하얀색 봉투가 눈에 들어왔다. 방구석 그림책 어린이들과 함께 읽기로 한 『두려움을 담는 봉투』(질 티보, 천개의바람)가 엉겁결에 떠올랐다. '저 하얀 봉투에 두려운 마음을 담아서 독후 활동을 하면 어떨까.' 하는 생각이 문득 들었다. 독후 활동을 하면 어린이들도 재미있을 테고 방구석 그림책 모임에 마음을 보태는 엄마들에게 우리가 어떤 작업을 하고 있는지 보여 줄 수도 있겠다는 얕은꾀가 생겼다.

어린이들이 책상 위에 놓여 있는 봉투와 색연필, 사인펜에 먼저 관심을 보인다. "오늘 만들기 할 거예요?" 라고 묻는 안개에게 "만들기랑 비슷하긴 한데 책을 함께 읽고 같이 만들 거야."라고 말했다. 무엇인가를 만들고 나누는 어린이들의 설레는 마음이 나에게도 전해졌다.

『두려움을 담는 봉투』에서는 행복하게 잘 지내는 주인공 소년 마티유 앞에 꿈틀꿈틀 뱀이 나타난다. 자동차 사고도 나고, 폭풍우도 몰아친다. 마티유는 언제든 나타나 자기를 못 살게 구는 두려움 때문에 아무것도 못한다. 내내 두려움에 떨던 마티유는 두려움에 맞서 큰소리를 내기 시작한다. 그리고 두려움의 크기가 점점 작아지면서, 두려움을 줄일 수 있는 방법을 찾게 된다.

"우리 서로 언제 두려운지 이야기해 볼까?"
"먼지는 높은 곳에 올라가면 두려운 마음이 생겨. 다리가 후들후들 떨리기도 하고."
"저는 높이 올라가면 신나던데. 먼지는 무서워요?"
"저는 벌이 두려워요. 예전에 할머니가 벌침에 쏘인 적이 있었는데 너무 겁났어요."
"벌은 엄청 귀엽잖아. 할머니가 벌침에 쏘인 기억이 있구나. 나같아도 두려운 마음이 생길 것 같다. 맞아! 기억과 경험은 사람마다 다른 것 같아. 그치, 얘들아?"

서로의 두려움에 대해 이야기하고 있었지만 기분은 가뿐했다. 네가 두려운 게 나에겐 귀여울 수 있는 것임을, 나는 신나는데 너는 두려울 수 있다는 가능성을 확인하는 것만으로도 새로운 기분이 들었다. 어느 정도 서로의 두려움을 나누었을 때쯤 어린이들과 '두려움 봉투 만들기'를 시작했다. 하얀색 봉투를 나누어 주니 '아! 뭘 하려고 하는지 알겠다.' 는 얼굴로 벌써 눈치챈 어린이들도 있었고 몇몇은 머리에 쓰는 거 아니냐며 봉투를 거꾸로 끼워 보기도 했다.

  봉투 안에 들어갈 자신만의 두려운 일들, 두려운 것들을 써 봤다. 어린이들은 종이에 자기의 두려운 마음을 조심조심 적어 내려갔다. 이야기하는 것과 쓰는 것은 사뭇 다르다. 이야기한 것을 쓰는 것뿐인데 좀 더 신중한 면모를 보인다. 이야기할 때는 미처 생각하지 못했던 두려움을 지긋이 떠올리는 어린이도 보였다. 그래서인지 친구들이 보지 못하게 고사리손으로 가리기도 했다. 장난 삼아 좀 보려는 시늉을 했더니 꽤 심각한 표정으로 나를 쳐다본다. 지금까지도 두려움 봉투 안에 어떤 이야기가 쓰여 있는지는 모르지만 우리는 그날 그 시간, 우리 안의 두려움을 날려 보내 버릴 작정으로 꽤나 진지하게 임했다.

방구석 그림책 수다가 끝나고 집 앞 놀이터에서 신나게 놀고 있는데 안개 엄마가 퇴근하고 왔다. 오늘 함께 나눈 수다와 고심해서 준비했던 독후 활동 결과를 내밀었다. 방구석 그림책 모임을 한 날 어린이들이 웬만해서는 별다른 것을 가지고 오지 않는 것을 잘 알기에, 안개 엄마는 조금 놀란 눈치다.

"언니, 이번에는 어떤 일로 이런 활동을 했어요?"
"이번에는 좀 고민을 해 봤어. 나도 아이들이 손으로 가리고 써서 보지는 못했는데, 집에 가서 두려움에 대한 글도 한번 읽어 봐."
"언니, 고마워요. 그런데 독후 활동 안 해도 괜찮아요. 우린 방구석 그림책 모임 그 자체가 좋은 거예요."

워크시트나 독후 활동이 없을 거라는 나의 처음 말을 되새김질하며 마음 편하게 가지라는 안개 엄마의 유연한 피드백이었다. 수강료를 안 받겠다고 했던 나의 마음과 은연중에 효율성에 가닿아야 하는 거 아닌가 했던 나의 두려움을 서서히 물러가게 하는 말이었다.

결과를 담보하는 배움, 명료한 단계와 절차만 있는 배움을 지양하며 방구석 그림책 모임을 꾸렸는데, 마음 깊은 곳에 자리 잡혀 있었던 두려움이 물끄러미 올라온 날이었다. 그 두려움을 한 번 더 바라보며 정작 봉투에 두려움을 담은 것은 나였을지도 모른다고 생각했다. 이렇게 시작이 주는 의미를 긴 시간을 흘려보낸 뒤에야 깨닫게 되었다.

완주만 바라보지 말고 달리다가 함께 쉬어 갈 줄 알고, 땅바닥에 누워 하늘을 볼 수 있는 여백의 시간을 나누며 더 산뜻해지기로 했다. 더 재미있어지기로 했다.

개미 떼의 습격

　　　　　　전화기 너머로 집에 있던 아이들의 다급한 음성이 흘러나왔다.

"엄마, 개미 떼가 우리 집을 습격했어요."
"뭐라고?!"
"걱정 마세요. 우리가 개미 떼를 잘 방어하고 있으니 천천히 오세요."

아이들은 꽤 들뜬 음성이었고, 개미 떼의 습격을 걱정하는 음성은 아니었다. 오히려 개미 떼와 한바탕 놀아 볼

요량으로 엄마가 좀 더 늦게 들어왔으면 하는 마음이 슬쩍 전해졌다. '습격'과 '방어'는 어린이들이 읽는 책에 꽤 많이 등장하는 단어이다. 자그마한 개미가 어찌 우리 집을 습격하겠냐만, 집에 개미가 들어왔구나 짐작하며 집으로 향했다. 문을 열었는데 난리가 났다. 개미 떼는 베란다의 문턱을 넘어 아이들 방을 가로질렀고 거실의 한복판을 한 줄로 총총총 줄지어 다니고 있었다. 아이들은 개미를 살리네 마네 하면서 방어하기는커녕 한바탕 긴 수다를 떨고 있던 중이었다.

"자기들끼리 여행을 온 것일지도 모르는데 우리가 꼭 죽여야 하는 걸까?"
"개미도 사람을 물어. 집이 개미 소굴 되기 전에 방어해야 할 것 같은데?"
"개미 소굴?!"
"음, 그거 재밌는데?"

개미 떼는 여전히 거실을 가로지르고 있었고 아이들의 이야기는 산으로 가고 있었다. 현관 장에 있는 큰 테이프를 갖고 와 테이프의 찍찍이 기능으로 개미를 박멸하려는 나에게 유비는 의아한 표정을 지으며 지금 그럴 때가 아니라 서식지를 찾아야 한다고 했다. 서식지? 집 내부에 개미의 서식지가 있을 것이고, 한 줄로 총총 줄지어 다니는 것은 냄새 때문일 것이라고 했다. '첫째, 서식지를 없애라. 둘째, 냄새를 없애라!'가 아이들의 솔루션이었다. 어느 순간부터인가 아이들의 말을 들으며 개미 서식지를 찾고 있는 나였다. 한바탕 개미 소탕 작전을 펼치는 중에 아빠도 퇴근하고 들어와 이미 개미 소탕 작전에 합류하고 있었다. 개미 소탕 작전으로 지친 우리는 짜장면을 시켜 저녁을 때웠다. 짜장면을 먹으며 개미 소탕 작전에 대한 어려움을 토로하기도 했다. 개미는 좀처럼 소탕되지 않았고 아빠가 약국에 가서 개미 퇴치제를 집 안 여기저기에 붙인 후에야 잠을 청할 수 있었다.

"그런데 개미가 왜 우리 집을 습격한 거지?"
"우리가 나누어 먹었던 과자 부스러기 때문에 그런 게 아닐까?"
"아니야. 우린 짠 과자를 먹었는데?"
"개미는 단맛, 단내를 맡고 오잖아."
"아! 우리 쭈쭈바 먹으면서 악당 놀이했잖아."

"흘렸구나, 흘렸어. 쭈쭈바……."

　이런저런 이야기를 나누며 잠이 들었고 아침이 되었다. 아침이 되어서도 우리는 개미들이 집안 구석구석을 다니는지 살폈다. 낮은 보폭으로 엎드려 기어 다녔다. 개미 몇십 마리가 개미 퇴치제 부근에 누워 있었다. 안 보이는 곳에선 유비가 이야기한 개미 서식지에 개미 퇴치제가 침투하여 그 역할을 충분히 해냈으리라 생각했다.

　그날은 저녁에 방구석 그림책 모임이 있던 날이었다. 『어린이를 위한 누가 내 치즈를 옮겼을까?』(스펜서 존슨, 미르북컴퍼니)를 준비했고 그날따라 간식이 무척 궁금했다. 어젯밤 나누었던 개미 습격의 이유인 쭈쭈바는 결코 아니어야 했다. 어린이들은 다 왔는데 순무가 조금 늦었다. 벨이 울리고 들어오는 순무의 손에 들린 검정 봉투를 일제히 매섭게 쳐다봤다. 어린이들이 간식이 뭐냐고 물으니 순무는 모르겠다고 하며 봉투 안에 든 간식을 열어 봤다. 간식은 꿀떡이었다. 유비, 풀꽃, 제갈량은 안도감이 들었는지 숨을 내쉬었다. 무슨 영문인지 모르는 친구들은 왜 그러냐고 물었고 어제 있었던 개미 소탕 해프닝을 이야기했다. 재밌었겠다며 호응하는 어린이들이다. 책상 위로 달콤

하고 쫄깃한 간식이 올라오는 날에는 어김없이 집중도 잘 하고 이야기도 잘했다. 꿀떡을 소분해서 각자의 그릇에 챙겨 두고 책을 만나기로 했다. 책을 낭독하기 전까지 한 알도 먹지 않는 어린이들이다. 낭독이 시작되면 그제야 한 알 한 알 아끼며 입으로 가져간다. 입안에서 똑 터지는 꿀과 쫄깃쫄깃한 떡의 식감은 가히 최고다. 어린이들의 표정이 좋다.

　어릴 적부터 간식으로 함께해 왔던 치즈의 쫄깃하고 고소한 맛은 어린이들에게 상상만으로도 좋은 느낌을 준다는 것을 어린이들과 지내며 알았다.『어린이를 위한 누가 내 치즈를 옮겼을까?』를 읽을 때 거의 모든 어린이가 치즈를 좋아한다는 이야기를 전해 주었다. 꼬물꼬물 아기일 때 먹었던 우유, 점차 커 가면서 먹을 수 있었던 유일한 간식인 치즈가 어린이들의 인생에서는 '소울 푸드'일 수도 있다. 생쥐와 치즈의 조합을 소재로 다룬 외국 그림책을 심심치 않게 볼 수 있는데, 우리나라 문화에 비유하자면 호랑이와 곶감 정도가 되겠다. 그런데 이미 곶감보다 치즈를 더 많이 먹고 자란 우리 어린이들이라 이야기에 빠져드는 요소로는 손색이 없었다.

『누가 내 치즈를 옮겼을까?』(스펜서 존슨, 진명출판사)는 어른을 위한 책이다. 세계적인 베스트셀러가 되면서 어린이들에게도 들려줄 수 있는 『어린이를 위한 누가 내 치즈를 옮겼을까?』로 변위하게 된 책이다. 생쥐 주인공 넷이 각각 치즈를 찾기 위해 어떻게 노력했는지, 그들의 노력에서 어떤 걸 배워야 하는지가 우화 속에 아주 잘 담겨 있다. 이 책에는 능동적으로 삶을 개척하기 위한 경구들이 나와 있다.

　책이 주는 메시지는 장엄하고 진취적이다. 어린이들이 이해하기에는 어려운 부분이 있지만, 전면적으로 교훈적 이야기만 하지 않는다면 어린이들 스스로 깨우칠 수 있는 내용이었다. 마침 전날 있었던 개미 소탕 작전 에피소드를 덧붙이면 좋을 것 같았다. 유비와 풀꽃은 개미 떼 중 몇몇 개미가 거실 바닥에 떨어진 비스킷 부스러기를 이고 지고 가는 모습을 봤다. 그 개미를 쭈욱 관찰하면서 가는 길에 장애물을 두어 길을 가로막기도 했다. 그러면 미로를 통과하듯 개미는 잘잘 진취적으로 나아갔다. 그 모습을 함께 설명했다. 그 개미는 장애물을 피해 식량을 머리에 이고 지고 개미 소굴로 가져가 개미 식구들과 나누어 먹겠다는 포부가 있었을 거라고. 반면에 그냥 어지르기만 하는 개미도 있었는데 한참 기어가다가 쉬는 개미의 모습을 보면서 놀기만 하는 개미라며 한바탕 나무라기도 했다. 개미 군단은 일생일대의 습격 작전을 펼치고 있는데 말이다. 『누가 내 치즈를 옮겼을까?』에 나오는 생쥐 주인공을 개미로 바꾸어 이야기해 보니 전날 개미 소탕 작전을 펼쳤던 어린이들에게 더 많이 와닿는 것 같았다.

"어느 개미 마을에 '스니프, 스커리, 헴 그리고 허'라고 하는 네 마리의 개미 친구들이 살았습니다. 이 개미 친구들은 매일 아침 운동화를 신고, 자신들을 행복하게 만드는 것을 찾으러 다녔습니다. 일명 '마법의 치즈'를 찾으러 다녔죠."

개미 소탕 작전을 펼친 어린이들은 생쥐에서 개미로 이야기를 바꾸니 더 감정이입이 되는 모양이다. 전날 우리 집에 침입해 온 개미가 듣고 있다고 생각하듯 경쾌한 목소리로 낭독을 했다. 어린이들의 명랑한 목소리가 지금도 귓가에 맴돈다.

짙어진 계절,
깊어진 우리

해질 녘,
다도의 시간

여름을 지나 가을의 기운으로 접어들 무렵이 되자, 혈기 왕성한 어린이들의 넘치는 에너지가 쉽사리 수그러들지 않을 때가 많았다. 함께 있을 때는 에어컨을 틀어도 시원해지지 않는 느낌이다. 끝내 노을이 지고 나서야 어린이들의 에너지도 차분해지는 느낌을 여러 번 받았다. 자연의 섭리와 어린이들은 닮아 있다. 그림책 수다를 떠는 어린이들은 구름을 탄 머털도사처럼 방방 흥이 났지만, 그림책을 읽고 놀 생각이 뭉게뭉게 더 커지는 순간이 많았고 놀 생각에 집중이 잘 안 되는 날도 서너 번 계속되었다. 궁리를 했다. 별소리 없이 어린이들의 마음을 가라앉힐 수 있는 장치가 없을까 잠시 고민했지만 내가 마법사라면 모를까 그런 신선한 장치는 없었다.

  문득 커피를 타 후루룩 마시는 내 모습에 자기도 커피나 차를 우아하게 먹고 싶다는 이야기를 종종 전했던 어린이의 이야기에서 영감을 얻었다. 다도 세트를 준비해서 어린이들에게 정성껏 차를 내어 주면 어떨까 생각했다. 차를 주전자에 끓여 소분해서 마실 것이 아니라 제대로 장비를 갖춰, 다도 문화를 알려 주는 것도 그럴싸한 방법이라고 생각했다. 다도에 필요한 도구와 장비를 준비해서 어린이들을 맞았다. 비염에 좋다는 모란잎을 준비했다. 어린이들은 정갈하게 정렬된 다도 세트를 보고 이런저런 질문을 많이 했다.

  "어린이도 어른처럼 차를 즐길 줄 알고 음미할 줄 아는 기품이 있다고 생각했어요. 오늘은 먼지가 주도하지만 앞으로 차 당번을 정해서 번갈아 가며 차를 준비하고 따라 주면 어떨까요? 혹시 집에 찻잎이 있으면 갖고 와도 좋아요. 오늘은 비염에 좋다는 모란차를 준비했어요."

  "우아, 좋아요. 좋아요!"

내가 하는 시범을 눈여겨보는 어린이들. 뜨거운 물을 준비하고, 찻잎을 우려내고 우려낸 차를 조그마한 두 손으로 받친 다도 컵에 따라 주니 어린이들이 고요해졌다. 나의 설명 하나하나를 허투루 듣지 않았다. 다도 잔에 물줄기를 크게 만들며 따라 주는 나는 이미 마법사가 되었다. 다도 세트 소식을 미리 알게 된 순무 엄마는 차와 곁들여 먹을 비스킷을 준비했다. 자그마한 찻잔 옆으로 주전부리할 비스킷을 놓아 주니 근사했다. 한 잔, 두 잔 따라 주는 일이 조금 바쁘긴 했지만 모두 우아한 자태에 반한 듯 차의 향기와 맛을 음미했다.

『꺼벙이 억수』(윤수천, 좋은책어린이)를 읽는 날이었다. 『꺼벙이 억수』는 그림책에서 문고판으로 넘어갈 때 꼭 만나게 되는 책이기도 하다. 같은 작가의 『꺼벙이 억수와 방울소리』, 『꺼벙이 억수와 축구왕』, 『꺼벙이 억수와 꿈을 실은 비행기』 등의 시리즈가 있는데 아홉 살 어린이들의 학교생활이 담백하게 잘 묘사되어 있고 주인공들에게 감정이입이 잘되는 책이다.

꺼벙이 억수를 못마땅해 하는 찬호의 시선으로 이야기가 시작된다. 여러 부분에서 부족해 보이는 억수를 좋아하는 반 친구들을 이해할 수 없는 찬호는 학급에서 착한 일을 하는 친구에게 주는 학급별로 뽑히기 위해 여러 노력을 한다. 그럼에도 억수가 학급별로, 반장으로도 뽑히게 된다. 그 과정에서 찬호도 겉모습으로만 판단하는 자기 자신을 돌아보게 되고 억수를 친구로 받아들이게 되는 과정을 담고 있다.

"『꺼벙이 억수』를 읽고 나서 마음에 남는 이야기가 있을까?"
"억수가 고은이 생일 파티에 초대받고 생일 선물을 갖고 가지 못해서 노래로 선물을 대신하는 장면이요."
"맞아, 진짜 대단해."
"고은이도 마음이 참 고운 것 같아. 그래서 이름이 고은이인가?"

고은이와 억수가 선하다는 것은 모두 인정했지만 어린이들은 찬호의 심정에 더 감정이입이 잘되는 것 같았다. 잘하고 싶어 하는 마음, 억수를 얄미워 하는 마음, 학급별이 되기 위해 착한 일을 일부러 하는 찬호의 행동 등이 책에 잘 그려져 있는데, 교실에서 많은 어린이들이 품고 있는 마음이 잘 담긴 것 같았다. 찬호에 대해서 이야기하는 어린이가 없어서 내가 먼저 나섰다.

"먼지는 찬호도 솔직하고 멋져 보이는데, 너희들 생각은 어때?"
"찬호는 너무 나서요."
"너무 잘하려고만 해요."
"그런데 그런 마음이 꼭 나쁜 것은 아니야. 먼지도 그러는걸 뭐. 잘 보이고 싶은 마음, 질투하는 마음은 누구에게나 있지."

'양가감정'이란 것이 존재하는 마음을 그대로 받아들여도 괜찮다는 것을 상기시켰다. 찬호의 마음도 억수의 마음도 모두의 마음속에 동시에 존재했다. 상황과 관계에 따라 어떤 마음이 더 많이 도드라지는 것인가에 대한 생각을 하게 했다. 책에 나오는 찬호, 억수, 고은이의 이야기로 여러 마음을 열어 보고 알아 가면 좋겠다.
다도 세트 덕분에 차분한 분위기가 만들어져 '양가감정'이라는 개념도 설명할 수 있었고 진지하게 책 속의 주인공들 마음도 파악해 볼 수 있었다. 그러는 사이 조금씩 몸의 움직임이 꿈틀꿈틀 되살아난 어린이들이 두 손을 모아 마시던 차는 온데간데없고, 물을 찾았다.

"먼지, 비스킷을 먹었더니 갑자기 너무 목이 말라요. 물 좀 주세요."
"저도요."
"저는 물 컵 가득이요."

어린이들이 목마르다고 아우성이었다. 갈증을 느낀 어린이들은 따라 준 물을 벌컥벌컥 마셨고 이제야 좀 살겠다는 표정을 지었다. 하긴 조그마한 잔에 담긴 차가 간에 기별이나 갔을까. 엄청난 갈증을 참아 내며 끝까지 귀 기울여 준 방구석 그림책 어린이들이 남달리 귀여웠다.

가을 소풍과
콜라의 맛

　　　　　　　짙은 가을이 되었고, 우리 관계도 깊어졌다. 도토리가 떨어져 단풍잎에 숨어 지내는 시기, 감나무의 감이 달콤한 주황빛 자태를 뽐내는 시기가 다가왔다. 우리는 엉덩이가 들썩들썩했다. 동네 강아지처럼 밖으로 쏘다니는 것을 좋아하는 나와 어린이들은 소풍을 가자며 한마음이 되었다. 소풍을 가고 싶었다는 어린이들 앞에서 일 년 전 멈춘 소풍의 기억을 되살려 너면 좋겠다는 작은 의지를 다졌다. 방구석 그림책 어린이들과 엄마들도 함께 가자는 제안을 했다. 어린이들이 직접 소풍 장소를 정했다. 준비물도 정했다.

"도시락을 스스로 싸 보면 어떨까?"

"오, 좋아요. 애들아, 나는 김밥! 내가 김밥을 좀 잘 말거든."

"그럼 나는 감자전! 집에서 감자전 담당이야."

"샐러드를 만들게."

"주먹밥을 만들게."

"나는 계란프라이를 해 볼게."

잠시 메뉴에 대한 고민을 하더니 조화롭게 각자 만들어 올 음식을 정했다. 김밥을 잘 만다는 순무는 과연 김밥을 잘 말 것인가? 속으로 생각하며 소풍 참 재미있겠다 싶었다.

각자 흰 종이에 레시피를 적어 보자고 제안했고 어린이들은 설렘의 몸짓으로 자기가 만들 음식을 상상하며 그림을 그렸다. 레시피 옆에는 필요한 재료 목록을 썼다. 각자 그린 음식 그림과 준비물을 공유하는데 유비가 즉흥적으로 제안을 했다.

"먼지, 우리가 직접 장을 보는 건 어때요?"

모두가 박수를 쳤다. 이렇게 배움이 배움 위에 얽히고설켰다. 이런 생각의 즉흥성이 나는 참 좋았다. 가벼운 발걸음으로 큰 마트에 갔다. 마트 입구에서 오천 원씩 어린이들 손에 쥐어 주고 장 볼 목록을 잘 챙기라고 했다. 나는 입구에 있을 테니 각자 장을 보고 여기서 만나자고 일러 주었다. 어린이들은 순식간에 사라졌다. 흘깃흘깃 마트 내부를 살피며 어린이들이 어디 있는지 확인했다. 계란프라이를 맡은 제갈량은 계란을 집어들었고, 감자전을 맡은 유비는 감자를 고르고 있었다. 순조롭게 장을 보고 있구나 싶었다. 한 명 두 명 입구 쪽으로 걸어 나왔다. 풀꽃과 안개가 먼저 나왔다. 토마토와 새싹 야채를 사 온 풀꽃은 토마토를 고르면서 토마토 종류가 많다는 걸 처음 알았다며 목소리 높여 이야기했다. 안개는 주먹밥에 들어갈 김 가루를 찾느라 1층과 2층을 많이 돌아다녀서 다리가 아프지만 괜찮다고 했다. 이런저런 이야기를 나누는 동안 감자를 산 유비, 계란을 산 제갈량이 도착했다. 일찌감치 감자와 계란을 사고 마트를 둘러봤다며 여유를 부리는 유비와 제갈량이었다. 그런데 순무가 나오지 않았다. "김밥 재료에 뭐가 들어가지?" 라고 말하며 모두 순무를 걱정했다. 10분, 20분······. 시간은 가고 한참을 기다려도 순무가 나오지 않아서 모두 마트로 들어가 찾아보기로 했다. 1층에는 없었다. 2층으로 올라가 순무를 찾는데 저 멀리서 순무가 큰 비닐봉지 하나를 질질 끌고 나오는 것이 아닌가.

작은 몸집에 비해 너무나 큰 비닐봉지였다. 한달음에 달려가 순무가 끌고 오는 비닐봉지를 들어 주는데 1.5리터 콜라가 여섯 개나 들어 있었다. 그리고 그 사이로 김밥용 햄과 김, 단무지가 보였다.

"순무, 웬 콜라야?"
"소풍을 간다고 해서 좋아하는 음료수도 샀어요. 콜라는 제가 정말 좋아하는 음료수인데 제 것만 사기가 좀 그래서 친구들 거랑 먼지 것도 샀어요."

순무는 비닐봉지가 너무 무거워서 질질 끌다가 쉬고, 과자 코너에서 과자도 살피다 쉬었더니 늦었다며 얼굴을 찡긋해 보였다. 너무 귀엽고 웃겼다. 순무는 한 박자 쉬고 이야기를 이어 나갔다. 돈이 더 필요하다고 했다. 계산을 하려고 계산대에 갔는데 갖고 있는 돈으로는 부족하다고 해서 계산을 못 했단다. 진지한 순무와는 달리 1.5리터 콜라를 먹어야 될 생각을 하니 속이 탄산으로 가득 차는 것 같아서 걱정이 밀려왔다. 순무가 우리를 생각하는 마음은 잘 받겠으니 콜라를 한 개만 사서 나누어 먹으면 어떻겠냐고 제안했다. 아쉬운 표정을 보이던 순무는 잠시 고민하더니 내 제안을 수락해 주었다. 우리는 장을 본 바구니에 기대감을 가득 채우고 각자의 집으로 돌아갔다.

 소풍날이 되었다. 어린이들이 엄마와 함께 오는 날이라 나도 즐거웠고 어린이들도 신났다. 각자 정성스레 담아 온 도시락 뚜껑을 여는데 경이로웠다. 물론 부모님의 인내심이 빚어 낸 음식이기도 하겠지만 모두가 박수로 열렬히 환호했다. 계란프라이를 무려 10장이나 부쳐 온 제갈량은 이제 계란프라이 도사가 되었다며 엄청난 기백을 내뿜었다. 감자전 담당이었던 유비는 감자 가는 일이 보통 일이 아니라며 감자전 만드는 노고에 대해 이야기했다. 주먹밥을 쌌던 안개는 영양적으로 주먹밥이 건강에 좋다며 응수하기도 했다. 샐러드를 준비한 풀꽃은 도시락에 그야말로 '아름다움'을 담아 왔다. 김밥을 잘 쌀 수 있다며 야심 차게 큰소리 친 순무의 김밥은 정말로 어린이 스스로 했다고 믿기지 않을 정도로 잘 말려 있었다. 이틀 전부터 레시피를 만들고 재료 준비를 한 도시락의 음식들은 10분 만에 동이 났다. 맛있게 먹어 주는 친구와 엄마들의 표정을 보며 준비했던 노고는 순식간에 사그라들었다.

  자기의 끼니를 위해, 누군가의 끼니를 위해 점심 도시락을 만든 어린이들이다. 정성을 다하는 과정, 수고를 더하는 일에서 어린이들은 따뜻함과 뿌듯함을 번갈아 느꼈다. 작은 실천으로 엮인 가을날 소풍의 맛은 콜라의 탄산보다 더 강렬한 기억으로 남았으리라.

그냥 나답게

"먼지, 놀이터에서 놀다가 제갈량이 여자 친구한테 주먹으로 배를 맞았어요."
"헉, 뭐라고?"
"제갈량, 안 아팠어?"

멋쩍게 웃는 제갈량의 표정이 안 좋다.

"우리 반에 거친 여자 친구들이 많아요. 저도 좀 놀리기는 했지만 그렇게 주먹으로 때릴지는 몰랐어요."
"아팠겠네. 때린 거 너무했다. 근데 제갈량, 친구를 놀리지는 마. 제갈량은 가볍게 건넨 말이지만 친구는 상처 받을 수 있거든. 근데 대체 뭐라고 놀렸기에?"

"돼지, 아 또 헐크라고요."

"뭐……? 뭐라고?!!"

여자 친구들이 싫어하는 말을 잘도 골라서 했구나 싶어서 주먹 한 방으로 마무리된 게 차라리 다행이다 싶을 정도였다. 상처가 되는 말을 들은 친구도, 주먹으로 맞은 배를 움켜쥔 제갈량도 속상하기는 매한가지였다. 아홉 살 어린이들의 세계에서 이해의 폭을 넓히기 위해 어른으로서 무엇을 해야 할까 고민이 깊었다. 비슷한 연유로 학교에서 성교육을 하거나 젠더감수성교육, 경계교육 등으로 확장하고 섬세화 작업을 거쳐 수업을 하기도 하는데, 그렇게만 해도 되는 것일까 하는 생각이 들었다. 이런 상황에서 개념을 살피고 해야 하는 행동과 언어를 단계적으로 제시하는 것에 머물면 안 된다. 삶의 감각으로서, 삶의 방식으로서 다양성을 취하고 공존으로 살아 내는 마음의 여백을 키워 주어야 한다. 아홉 살 어린이들은 하루가 다르게 남녀가 유별해지기 시작하는데 사용하는 언어나 놀이에서 먼저 시작된다. 방구석 그림책 모임에 오는 어린이들은 수다를 시작하기 전이나 끝난 후에 자유롭게 놀이를 하는데 그때 가만히 그들을 관찰하면 공통의 모습도 많이 보이지만 다른 모습도 여과 없이 볼 수 있다. 어떤 측면에서 보면 다르지만 또 다른 측면에서 보면 크게 다르지 않다.

  여자 어린이들은 스스로 '꽁냥꽁냥 놀이'라는 별칭을 붙일 만큼 손으로 사부작사부작 매만지며 노는 걸 좋아했다. 자기 모습을 그리다가 친구의 모습을 그리기도 하고, 각자 그린 그림으로 역할놀이도 했다. 그러다 몸이 배배 꼬이면 밖에 나가서 우당퉁탕 얼음땡 놀이를 했다. 그 눈빛은 국가대표 선발전에 참여한 선수 못지않게 매섭고 진지했다.

  남자 어린이들은 짧은 시간에 가용 가능한 공간을 찾아 기지로 만드는 것이 1분도 걸리지 않았다. 길쭉하고, 넓적하고, 무기가 될 만한 것을 두루 찾아오는 것은 순식간이었다. 그리고는 곧 편을 나누어 놀이를 시작한다. 대본 없는 시나리오가 와다닥 나오며 다이내믹한 어벤져스 놀이의 서막이 시작된다. 그러다 방구석 그림책 수다가 시작되면 "투 비 컨디뉴드 to be continued"라며 쿨하게 다음을 기약하고 자리에 앉는다. 방금까지 어벤져스였던 녀석들이 홍조를 띠고 자리에 앉는 모습을 보면 마치 내가 블랙위도우가 된 것 같았다.

순무 엄마에게 전화를 걸었다. 방구석 그림책 모임에서 수다를 떨다가 막연해질 때가 더러 있는데 그럴 때면 전화를 해서 하소연을 하기도 한다. 선명한 해결책이 나오는 것은 아니라 해도, 앞이 뿌옇더라도 가고 있는 방향이 맞다고 생각되면 힘을 얻을 수 있으니, 좋은 추임새를 얻으려고 연락을 한다. 제갈량의 일화를 이야기했더니 '『동의』(레이첼 브라이언, 아울북)'라는 책을 소개해 주었다. 요즘 '경계교육'이나 '나다움교육'과 관련해서 눈여겨보고 있는 책이라며 추천해 주었다. 너와 나 사이 무엇보다 중요한 것은 '동의'라고 부제에서 안내하듯, 내가 내 몸의 주인이고, 나의 경계선은 내가 그을 수 있다는 것을 시작으로 동의의 뜻을 살핀다. 동의를 표현하는 것이 사람마다, 상황마다 다를 수 있다는 것을 구체적으로, 아이들의 눈높이에 맞춰서 쉽게 설명한 책이다. 내 아이들과 같은 또래의 엄마들과 책 이야기를 할 때 나오는 책은 더 마음이 갔다. 아무래도 같은 고민과 비슷한 상황을 공유하면 더 나은 방향으로 가게 되니 말이다.

  어린이들과 『동의』를 함께 보기에 앞서 『여자와 남자를 배우는 책』(신현경, 해와나무), 『남자답게? 여자답게? 그냥 나답게 할래요!』(최형미·이향, 팜파스), 『왜, 먼저 물어보지 않니?』(이현혜, 천개의바람)를 빌려다 함께 쌓아 두었다. 쌓아 둔 책 꾸러미 속에서 자기의 눈에 반짝이는 책을 찾아보는 것, 책 표지에서 오는 깊은 감흥으로 어린이들에게 선택권을 주는 것, 고른 책을 진지하게 읽어 보는 것에 더 무게중심을 두었다. 책 내용은 어느 정도 방향성에 맞는 책들이기 때문에 펼쳐서 그대로 두면 어린이들은 선뜻 선택하고 집중해서 읽는다. 관련된 분야의 주제에서 내가 전해 주는 말보다 스스로 찾아가길 더 원해서였다. 옆에서 이러쿵저러쿵 참견만 하지 않는다면 자신이 골랐던 책뿐 아니라 친구들이 고른 책까지 시선을 넓힌다. 그날 방구석 그림책 어린이들은 꽤 진지하게 자신이 고른 책과 친구가 고른 책을 함께 읽었다. 유체 이탈하듯, 책의 바다에 풍덩 빠져서 읽었다. "친구에게 헐크라고 하면 안 되는 거야."라는 것을, "남자애가 삐쳐 가지고." 라는 말도 하면 안 된다는 것을 굳이 끄집어내 말하지 않아도 어린이들은 되뇌고 있었다.

성교육이든, 인권 감수성 교육이든 사람이라는 공통의 형질을 빼놓고 이야기하면 경계만 기억에 남아서인지 경계의 이쪽과 저쪽에 서게 되는 경향이 있다. '나다움'이라고 해 놓고 나와 타인의 다른 점을 부각시켜 경계를 만든다. 다양성이라고 해 놓고서는 다른 것을 드러내는 것에만 혈안이 돼서 편향적이 된다. 나와 타인, 여성과 남성 등을 이야기하기에 앞서서 공통의 부분을 더 적극적으로 이야기해 주면 좋겠다. 자기 자신을 말하기 위해 타인을 들추는 것이 아니라 자신을 뒤적거리며 '나'에 대해 말하는 것으로 방향을 바꿔야 한다. 결국, 여러 가지 교육의 명목으로 행해지는 과정들의 목적은 한 인간으로서 성장하는 데에, 관계를 통해 건강한 사회를 구성하는 데에 있기 때문이다.

다양성에 신비롭게 다가가는 태도, 다른 것에 감탄할 줄 아는 마음, 다름의 가치와 공존할 수 있는 용기를 불어넣어 주는 어른이 되어야겠다. 그것이 먼저다.

왜 저한테
묻는 거예요?

'엄마가 오늘 아침에 죽었다.'라는 문장으로 시작하는 책, 『무릎 딱지』(샤를로트 문드리크, 한울림어린이)를 읽어야겠다고 생각한 것은 제갈량 때문이다. 내 조카 제갈량은 엄마가 아프다. 제갈량이 여섯 살 되던 가을부터 엄마의 암 투병은 시작되었다. 한 해 한 해 시간이 지날수록 제갈량의 얼굴빛을 살피는 횟수가 많아졌는데 그러면 그럴수록 나는 더 초조해졌고 긴장했다. 어느 날은 무턱대고 작은 책방을 찾아가 어린이에게 추천해 줄 만한 죽음에 관한 책을 권해 달라 하고, 어린이를 대상으로 한 죽음에 대한 그림책 치유 수업이 있냐고 묻기도 했다. 돌이켜 보면 전부 나의 불안함 때문이었다. 죽음의 시간을 관통해야 하는 시기가 다가오고 있었다. 행복의 기억을 나누고 있는 방구석 그림책 친구들과 슬픔을 나누며 가볍게 스치듯 죽음에 대해 이야기하려고 생각했다.

『무릎 딱지』는 빨간색 표지가 인상 깊은 책이다. 주인공 꼬마를 연필로 그렸는데 그 점도 마음에 남는다. 곳곳에 기억에 남는 묘사가 많다. 아침마다 빵에 꿀을 지그재그로 발라서 반으로 잘라 먹는 꼬마는 엄마의 죽음으로 슬플 아빠가 걱정이다. 정작 자기는 엄마 냄새가 밖으로 빠져나갈까 봐 더운 여름에도 창문과 문을 꼭꼭 닫고 찜통 속에서 지내고 있는데 말이다. 어느 날엔 할머니가 오기로 하셨는데 걱정할 어른이 늘어나 그게 또 걱정인 꼬마다. 할머니는 찜통 같은 집을 살피며 창문을 열어젖힌다. 할머니는 엄마가 빠져나간다며 우는 꼬마의 손을 잡아 가만히 가슴 위에 올려주며 말한다.

"여기, 쏙 들어간 데 있지? 엄마는 바로 여기에 있어. 엄마는 절대로 여길 떠나지 않아."

방구석 그림책 모임 안에는 어떤 감정이 흐르고 있었다. 거의 슬픔에 가깝긴 했지만 슬픔보다는 더 다정하고 사랑스러운 기운이다. 어린이들의 긍정적인 기운으로 금세 재밌는 이야기가 시작된다. 주인공 꼬마가 무릎에 상처가 났고 딱지가 앉아 자기가 어른들을 잘 돌볼 수 있을지 모르겠다는 고민을 털어놓는다. 그 부분에서 어린이들이 진짜 아프다며 자기 무릎을 보여 준다. 자기가 상처가 더 많다며 보여 주는 어린이, 상처가 되어 딱지가 앉는 과정을 설명해 주느라 바쁜 어린이, 상처보다는 멍이 많이 든다며 멍을 보여 주는 어린이……. 한바탕 수다를 떨지만, 제갈량은 아무 말 하지 않았다.

　주인공 꼬마가 마지막에 침대에 누워 손가락으로 무릎을 만져 보니 매끈매끈한 새살이 나 있다. 이불을 들추어 딱지를 찾는데 딱지가 사라지고 없다고 하자 그제야 제갈량이 웃는다. 그렇게 눈치를 살피며 수다를 떨었다.

　"제갈량, 이 책을 읽고 어땠어?"
　"……왜 저한테 묻는 거예요?"

아무렇지도 않게 물었다고 생각했지만 그건 내 착각이었다. 나는 당황했고 어린이들은 의아해 했고 제갈량은 화가 난 듯 얼굴에 홍조를 띠었다. 먼저 질문했을 뿐이라고 둘러대며 모두에게 하는 질문으로 돌렸다. 조마조마한 마음이 좀처럼 가라앉지 않았다. 서둘러 준비한『나는 죽음이에요』(엘리자베스 헬란 라슨, 마루벌)를 낭독했다.

  '나는 죽음이에요. 삶이 삶인 것처럼 죽음은 그냥 죽음이지요.'로 시작하는 책. 한 장 한 장 넘길수록 모두의 표정이 한결 편안해진다. 돌아가며 낭독을 했다. '나는 부드러운 털을 가진 작은 동물에게도, 긴 코를 가진 코끼리에게도, 그리고 날카로운 이빨을 가진 동물에게도 모두 찾아가지요.'라는 부분에서는 안도감마저 느껴진다.
  낭독을 이어 갔다.

  '삶과 나는 하나예요. 삶과 나는 문을 열면 보이는 가까운 곳에 늘 함께 있어요. 만약 내가 두렵게 느껴진다면, 내가 하나만 살짝 일러줄게요. 바로 사랑이에요. 사랑은 모든 슬픔과 미움을 없애 주고, 사랑은 매일 당신을 찾아갈 수 있고, 사랑은 우연히 나를 만나더라도 절대 죽지 않

아요.'

　낭독을 모두 마쳤다. 우리는 함께 박수를 치며 슬픔의 기운을 나누었다. 슬픔의 모양과 느낌도 이렇게 동그랗고 어여쁠 수 있구나 하는 것을 나는 알았다. 어린이들은 친구의 슬픈 마음에 가닿고, 제갈량은 그런 친구들의 마음을 전해 받으며 서로의 마음 안에 공간이 한 뼘 늘어난 시간의 선물이었기를 기대한다. 나는 어린이들 곁에서 엄마의 존재와 더불어 좋은 어른이 되기로 눈을 살며시 감으며 스스로와 약속했다. 아침 해처럼 어김없이 뜨고, 자기 모습을 바꾸며 어둠을 밝히는 달처럼 말이다.

　결국, 여름에서 가을로 넘어가는 문턱에 제갈량의 엄마인 나의 새언니는 하늘나라로 떠났다. 오랫동안 이별을 준비해 왔다고 생각했는데 임종 당시 나는 너무 슬퍼서 눈물로 앞이 보이지 않았고 곁에 있던 많은 어른들은 흐느끼며 슬퍼했다. 사랑하는 엄마의 임종을 지키며 곁에 있던 제갈량은 아빠에게 안겨 이렇게 말했다고 한다.

　"아빠, 위인들은 이런 고난과 역경이 다 있잖아요. 난 괜찮을 거예요."

  위인전을 그토록 많이 읽던 아이였는데 자기 삶이 투영되어 위인들의 슬픈 일이 가장 먼저 와닿았나 보다.

  삶의 희로애락이 있지만 진한 슬픔의 기억, 가장 슬픈 일을 어린 제갈량은 일찍이도 만났다. 심장 가까이 있는 마음, 그 안에 절대 떠나지 않는 엄마가 머물고 있고, 그 마음속에 스스로 빛날 줄 아는 지혜가 새겨졌다. 학교 가는 길에, 밥을 먹다가, 멍하니 하늘을 올려다 보다가도 문득문득 엄마가 그립고 보고 싶을 것이다. 제갈량의 얼굴빛이 그렇다고 말할 때마다 함께 그리워하고 보고 싶다고 이야기해 주고 싶다.

0표와 남부반장 선거

슬프고 힘겨운 일들을 치르고 여백의 시간을 보낼 새도 없이 아이들을 학교에 보내야 했다. 정리해야 할 것들이 많았다. 슬픔이 고양된 며칠을 지내고 나서 돌아왔는데 이래도 되나 싶게 다시 일상이 기다리고 있었다. 슬픈 일이 있었지만 삶은 멈추거나 기다려 주지 않았고, 그렇게 일상으로 터덜터덜 걸어 들어갔다. 학교에 간 유비, 풀꽃, 제갈량이 급식은 잘 먹었는지, 며칠의 결석으로 곤란한 질문들을 받고 있는 건 아닌지 걱정하는 마음을 움켜쥐고 여러 일들을 처리하고 있었다. 하교 시간에 아이들을 데리러 가지 못했다. 머릿속에 여러 생각들이 오르락내리락하는 와중에 속도를 내고 운전을 하며 가고 있는데 안개 엄마로부터 전화가 왔다.

"언니, 풀꽃이 반장 된 거 축하해요."
"어, 풀꽃이 반장 되었어? 축하 고마워. 오늘 반장 선거가 있는 줄도 몰랐네."

우리 가족의 슬픈 일을 알고 있는 안개 엄마의 말 속에서 '언니, 힘내요.' 라는 메시지가 뒤섞여 들려왔다. 풀꽃의 좋은 소식을 들으니 제갈량이 걱정되었다. 득달같이 집으로 달려갔다. 아이들을 모두 안아 주었다. 슬픔의 터널을 지나 일상으로 잘 스며든 아이들에 대한 존경의 포옹이었다. 아이들은 할 말이 많은지 나에게 모두가 한꺼번에 이야기를 했다. 나는 동시에 말하는 세 아이들의 이야기를 모두 들을 수 있는 특별한 능력이 있었지만 그날은 조금 섬세하게 듣고 싶어서 가위, 바위, 보로 이야기의 시작 순서를 정하자고 제안했다. 첫 번째 순서는 유비였다. 유비는 자기가 첫 번째가 될 줄 몰랐다는 듯한 얼굴로 넌지시 이야기했다.

"엄마, 저는 반장 선거, 부반장 선거에 나가지 않았어요. 반장 노릇, 부반장 노릇을 어떻게 해야 할지 모르겠더라고요. 제가 뽑은 반장과 부반장이 어떻게 하는지 관찰해 보고 내년에 나가 보려고요."

"오, 그것도 괜찮은데?"

"근데, 제가 약간의 점성술사 같은 능력이 있나 봐요. 제가 뽑은 친구가 반장이 되고, 부반장이 되었어요. 제가 정말 대단한 것 같아요."

"맞네, 맞아. 유비 대단해!"

다음은 풀꽃의 차례였다.

"엄마, 저 반장 되었어요."

"우아! 너무너무 축하해."

"있잖아요. 주희랑 제가 마지막까지 남았는데요. 동점표가 나온 거예요. 그래서 다시 투표를 해야 해서 소견 발표를 다시 하는데 목소리가 떨리고 손에 땀이 났어요. 다리에 힘이 풀려서 주저앉을 뻔했다니까요. 정말 그런 기분은 처음이었어요."

"얼마나 긴장이 되었을까? 긴장감을 극복하고 당당하

게 소견 발표를 한 모습이 참 멋지다."

"당선이 되고 나니 친구들이 모두 저에게 와서 축하한다고 해 주었어요. 그때 제가 반장이 된 것이 실감 났어요."

"정말 신나는 경험이었겠다. 풀꽃! 축하해."

이제 제갈량의 차례가 되었다. 제갈량은 장난기 가득한 표정으로 이야기했다.

"고모, 제가 되었을까요? 안 되었을까요?"

웃는 얼굴을 하고 묻는데 도저히 감이 오지 않았지만 신나는 기분을 이어 나가기 위해 너스레를 떨었다.

"제갈량이 무조건 당선되었을 것 같은데. 제갈량이 아니면 누가 되나? 안 그래?"

"으하하하, 맞아요. 남부반장이 되었죠!"

제갈량은 남부반장이 되었다고 이야기했다. 모두가 안도했다. 그런데 제갈량의 웃음은 그것 때문이 아니었다. "그런데요, 정말 웃긴 일이 있었어요."로 시작하는 제갈량의 말에서 우린 정말 실컷 웃을 준비를 하고 있었다.

"저는 원래 남부반장으로는 안 나가려고 했는데 반장 선거에서 아쉽게 떨어졌거든요. 아쉬운 마음이 생겨서 남부반장 선거까지 나갔어요. 소견 발표를 하고 다른 후보의 소견 발표를 듣고 있었어요. 제 옆에 앉아 있는 남부반장 후보 승민이가 조용히 저에게만 이야기했어요. 나를 뽑겠다고요. 그래서 마음대로 하라고 이야기했죠. 그런데 조금 이상했어요. 남부반장 후보에 6명 정도가 나왔으니까 자기를 무조건 뽑아야 당선이 되거든요. 결국 막상막하의 상황이 펼쳐졌고 제가 남부반장에 뽑혔어요."

  "승민이는 몇 표를 얻었는데?"

  "그거야 당연히 0표죠."

  "하하하하하!"

  모두가 웃었다. "승민이가 저를 뽑아 줬어요. 그리고 자기는 0표!" 이 말이 내내 머리와 마음을 휘젓고 다녔다. 어린이들의 이야기를 듣고 있다 보면 동화 속에서 툭 튀어나온 어린이들이 있다는 사실을 새삼 다시 깨닫게 된다.

  "제갈량은 어떤 공약을 내세웠어?"

  "우리 반을 제일 재밌는 반으로 만들겠다고 했어요. 그리고 약간의 부채춤을 췄지요."

"약간의 부채춤? 하하하!"

  우리는 안다. 제갈량의 부채춤이 얼마나 웃긴지. 승민이의 한 표도 당락을 좌우했겠지만 제갈량의 부채춤으로 표 몰이를 했겠구나 싶었다. 제갈량의 꿈은 판사다. 좀 더 정확히 이야기하자면 유무죄의 양형을 가릴 때, 유죄 판결을 받은 수형인이 슬픔을 덜 수 있도록 '부채춤을 추는 판사'가 되겠다고 했다. 들으면 어안이 벙벙해지는 장래희망이지만 꽤 설득력이 있다. 장래희망을 이야기할 때 꼭 등장하는 제갈량의 부채춤은 언제 봐도 박장대소를 하게 만드는 힘을 가졌다. 유죄 판결을 받은 수형인이 웃고도 남을 그런 춤이다. 부반장에 당선이 되었다고 하니 학급 친구들도 제갈량의 모습에서 재미와 웃음을 얻어 가고 싶었나 보다. 대화를 하다 보니 이미 슬픔의 기운을 벗고 앞으로 쭉쭉 나아가는 아이들로부터 엉겁결에 내가 그 힘을 받아 웃고 있었다.

  꿈을 향해 한발 다가갈 수 있게 해 주는 어른이 되기보다 그 꿈 안에서 유희를 발견하고 함께 웃어 줄 품을 만들 수 있는 어른이 되어야겠다. 판사가 되는 꿈은 노력하면 얻을 수 있는 것이지만 그 앞에서 웃음을 머금고 부채춤을 추는 역량은 삶에서 느껴지는 해학과 유희가 있어야 가능한 것이기 때문이다. 삶에서 더 많은 재미와 유희를 찾아 나서야겠다. 가끔씩 밀려오는 슬픔을 기꺼이 받아들이고 그 슬픔이 온전히 머물다 갈 수 있게 말이다.

갈비 집 사장님과
철물점 주인

　　　　　수많은 엄마들 틈에서 살아가는 어린이들이다. 세상에 태어나 엄마의 품에서부터 시작된 모성의 세계가 어린이집, 유치원, 초등학교 과정을 겪어 내며 더 짙어진다. 어린이들에게 아빠의 공간과 정서가 있으면 좋겠다는 생각이 머무르던 즈음에 '『아빠 냄새』(추경숙, 책고래출판사)'라는 책이 눈에 들어왔다. 책 표지를 보니 내가 생각했던 '아빠의 향기'보다 좀 더 심오한 내용이겠구나 하는 생각이 짐짓 들었다. 책 표지의 빨랫줄에 매달린 아빠의 옷은 보라색, 연두색, 분홍색으로 색깔도 다양했고, 모양도 제각각이었다.

이 책에는 축구를 좋아하는 세 어린이가 나온다. 도담이의 아빠는 수산 시장에서 회를 팔며 신바람 나게 일하는 수산 시장 상인회 회장이기도 하다. 도담이는 아빠가 하는 비린내 나는 일이 싫다. 그래서 '아빠 직업을 절대 말하지 않기로 했다.'는 다짐을 하기도 한다. 상민이의 아빠는 의사다. 아빠를 자랑스러워 하지만 일 년 열두 달 바쁜 아빠가 원망스럽기도 하다. 아빠가 아는 것은 병원과 환자와 광어회뿐이고, 집과 축구와 상민이 자신에 대해서는 전혀 모른다며 속내를 비친다. 태영이의 아빠는 목욕탕 사장님이자 세신을 도맡아 하시는데 아빠의 직업이 못내 못마땅한 태영이는 친구들에게 아빠가 기자라고 거짓말을 한다. 각자 아빠의 직업이 못마땅한 이유가 다른데, 좋은 계기로 서로를 이해하게 되고 마음을 넓히게 되는 과정이 유쾌하게 그려지는 내용이다.

　아빠의 직업, 한 번쯤은 이야기하고 싶었지만 한편으로는 피하고 싶은 주제이기도 했다. 직업, 노동, 삶의 가치가 모두 담겨 있는 데다 어디서부터 어디까지 이야기하면 좋을지 몰라서 이런저런 고민을 하던 어느 날, 하굣길에 순무 엄마를 만났다. 가끔 하굣길에서 마주치는 순무 엄마가 그날은 할 말이 있는 듯 내게 다가와 먼저 말을 건넸다.

"언니, 순무가 왜 우리 아빠는 철물점에서 일하냐고 묻더라고요. 제가 깜짝 놀라서 아빠 직업이 부끄럽냐고 물었더니, 그건 아닌데 아빠 직업이 다른 직업이면 좋겠다고 이야기하더라고요. 그게 그거죠. 아빠 직업이 부끄러운가 봐요."

"아, 그랬구나. 부끄러운 건 아니었을 거야. 혹시 『아빠 냄새』 읽고 나서 그런 거야?"

"그건 아니고…… 그런 이야기는 전에도 했었어요. 친구들끼리 아빠 직업, 엄마 직업을 묻고 그러나 봐요."

"순무 말에 너무 서운해 마. 충분히 그럴 수 있지. 그럴 시기일 수도 있어. 이번에 같이 읽을 책이 아이들의 마음을 단단하고도 유연하게 해 주면 좋겠다. 순무의 마음을 넓혀 주도록 더 애써 볼게."

어린이들을 만나기 전에 나는 순무 엄마와의 대화가 마음에 많이 남았다. 방구석 그림책 어린이들과 나누어야 할 주제는 좀 더 선명해졌지만 어떻게 시작할지는 여전히 막막했다. 어김없이 그림책 수다 전에 노느라 바쁜 어린이들을 가만히 바라봤다. 노는 모습을 보고 있으니 막막했던 기운이 조금씩 열렸다.

"얘들아, 우리 이제 시작해 볼까?"라고 운을 띄우니 우르르 책상 앞으로 모여든다. 『아빠 냄새』 책의 표지를 보며 먼저 이야기를 나누었다. 빨랫줄 셔츠 옆에 조그맣게 매달려 있는 아빠들의 모습이 귀엽다는 반응이 먼저 나왔다. 경쾌한 분위기의 표지 그림에 저절로 밝은 대화가 오갔다. 도담이, 상민이, 태영이의 이야기가 차례대로 나와 있는 책을 어린이들과 천천히 낭독했다.

"도담이, 상민이, 태영이의 이야기 중 제일 재밌는 장면을 얘기해 볼까?"
"도담이요. 도담이 아빠가 사투리 쓰는 게 재미있었어요."
"태영이 아빠가 목욕탕집 주인이에요? 저는 세신을 안 해 봤는데요. 먼지는 해 봤어요?"
"상민이 아빠가 축구를 좋아하는 건 의외였어요."
대화를 나눌수록 재밌는 내용을 포착하는 어린이들에게 질문을 바꾸어 이야기를 이어 나갔다.

"얘들아, 이 책을 읽으면서 누가 슬플지 생각해 볼까?"
"도담이도 슬플 것 같고 도담이 아빠도 슬플 것 같아요."
"태영이 아빠도 슬플 것 같아요. 태영이도 그렇고요."
"상민이는 어때?"
"상민이도, 상민이 아빠도 조금은 슬플 것 같지만 아빠가 의사라서 상민이는 좋겠어요."
"의사는 돈 많이 벌잖아요. 장난감 많이 사 주시겠다."

누가 슬플 것 같냐는 질문으로 시작한 어린이들의 대화는 '장난감'으로 끝났지만, 천진한 어린이들의 이야기를 듣고 있으니 이것을 '황금 만능주의'라고 하기엔 너무 거창하고 '장난감 만능주의'라고 해야 할까? '나도 어릴 적엔 그랬고, 너희들도 그렇구나'라고 생각하니 동심의 세계에서만 이야기할 수 있는 순도 높은 대화 같기도 했다. 저절로 내 어린 시절이 떠올랐고, 어린이들 앞에서 두서없이 이야기를 꺼냈다.

우리 아빠는 경일갈비 집 사장님이었다. 갈비 집은 KBS 방송국과 동사무소가 밀집되어 있는 꽤 상권이 좋은 장소에 있었다. 그 덕에 장사가 참 잘되었다. 나는 바쁠 때면 주방에 들어서 상추도 씻고 숟가락과 젓가락을 마른 행

주로 닦아서 수저통에 넣었다. 분주한 시간에 도움이 되려고 애썼던, 나름 꽤 착한 어린이였다. 바쁜 부모님은 그런 와중에도 늘 어린 자녀를 챙기며 주말엔 산으로 들로 놀러 다니고 일상에 쉼표를 찍는 낭만 있는 삶도 그려 내시고는 했다. 행복을 만끽하며 보내던 일손이었는데 유독 나는 학교에서 부모님의 직업란을 채울 때는 꽤 고민했다. '갈비 집 사장님'이라고 쓰기가 싫었다.

"아빠, 부모님 직업란에 뭐라고 쓸까요? 갈비 집 사장님 말고 좀 더 멋진 말 없어요?"
"갈비 집 사장님도 좋은데."
"아니, 그게……."
"음, 그럼 요식업 어때?"
"오! 아빠 요식업 좋아요. 요식업으로 쓸게요."

그때 요식업이란 개념을 알게 되었다. 근사해 보였다. '갈비 집 사장님'을 지우개로 지고 '요식업'으로 빈칸을 채우니 꽤 흡족했다. 그 종이를 몇 번이나 다시 들추어 봤다. 나는 그때 아빠의 표정을 살피지 못했다. 돌이켜 보면 아빠는 아마 당황하셨을 거다. 못내 서운한 마음도 생겼을 테고. 그때는 아빠의 서운한 마음보다 나의 가뿐한 마음이 더 중요했다. 내가 그 일렁이는 마음을 알기에 동화 속 세 명의 어린이들이 이해된다는 뜬금없는 고백을 했다.

초등학교 저학년부터 체계적으로 진로교육을 하고 있어서인지 직업에 대한 어린이들의 관심이 높다. 그리고 어린이들에게도 가족의 직업을 두루 살피게 되는 감각이 당연히 생겼고 비교하는 마음도 자연스레 따라왔다. 진로교육이 단순한 직업교육이 되어서는 안 된다는 문제의식은 그 지점에서 시작한다. 직업에 대한 비교가 아닌, 자신이 꿈꾸는 일의 가치가 자기만의 빛깔을 낼 수 있도록 도와주면 좋겠다. 꿈이라는 것은 삶에서 기꺼이 내가 세상의 일부분이 될 방법을 찾는 것이기 때문이다. 꿈은 '아니면 말고'의 세계가 아니다. '꼭 해야 할 일'의 세계다. 흔들릴 때 중심을 잡도록 도와주는 가장 좋은 단어가 '꿈'이다.

세상의 많은 부모가 그렇게 살아 내고 있다. 기꺼이 이 세상의 일부분이 될 방법을 찾아 지금 그 자리에 서 있는 것이다. 무엇을 하는 아빠가 아니라 무엇을 어떻게 하는 아빠, 자신의 일과 삶을 용기 있게 가꾸어 내는 아빠를 어떻게 어린이들에게 설명해야 할까? 어린이들에게 얼굴빛을 보자고 했다. 어릴 적 아빠의 표정을 살피지 못했던 나의 서투른 마음이 번졌다. 타인에 대해 이해하고 공감하는 능력을 기르는 데는 뾰족한 수가 없다. 하루하루, 조금씩 사람들의 얼굴빛을 살피고, 사람들에게서 풍기는 사회적 냄새를 맡으며 세심한 감각을 키워 가다 보면 어느덧 인간이라는 존재를 이해하는, 낯선 세계를 따뜻하게 바라보는 마음이 차곡차곡 쌓여 있을 것 같다.

언젠가 풀꽃이 할머니와 잠을 자며 할머니에게 물었다.

"할머니, 할머니는 어릴 적에 꿈이 뭐였어요?"
"할머니 어릴 적엔, 꿈을 꿀 시간도 없었단다. 먹고살기 바빠서 어릴 적부터 밭일도 해야 하고 물질도 해야 해서, 꿈을 꾸지 못했어. 할머니가 달리기를 참 잘했는데 말이지. 풀꽃이 꾸는 꿈은 그 자체로 행복이야."

누구도 물어보지 않았던 질문을 풀꽃이 할머니에게 했다. 할머니는 옛 생각을 끄집어내 풀꽃에게 이야기해 주면서 코끝이 찡했다며, 한참 후에야 풀꽃과 나눈 대화를 내게 전해 주었다.

부쩍 자라난
마음들

성급해진
홍콩할매귀신

　　　　　　풀꽃이 학교에서 돌아와서는 "엄마, 홍콩할매귀신이 정말 있는 거야?" 라고 물었다. 나 어릴 적 무서움의 근원이었던 그 '홍콩할매귀신'을 말하는 건가? 그 귀신이 30년도 더 지난 이 시대에 왜 또다시 회자되는 거지? 생각하며 풀꽃과 이야기를 이어 나갔다. "귀신계의 고전 중에 고전이지."라고 이야기하며 어떤 연유로 홍콩할매귀신 이야기가 나오게 되었는지 되물었다. 풀꽃이 반에서 무서운 이야기를 많이 알고 있는 친구가 있는데 그 친구에게 들었다고 했다. 홍콩할매귀신이 홍콩행 비행기를 타고 가다가 한국에 떨어져서 죽었고 억울한 영혼이 한국 여기저기를 떠돌아다닌다고 했다. 겉모습은 보자기를 쓴 할머니 모습이란다. 홍콩할매귀신은 마주치는 어린이에게 묻는다고 했다. "나 이뻐?"라고. 이때 일 초의 고민도 없이 이쁘다고 해야 한다고 했다. 만약에 고민을 하거나, 머뭇거리면 홍콩할매귀신이 바로 잡아먹는다고. 여러 모로 지금의 홍콩할매귀신은 내가 어릴 적에 알던 홍콩할매귀신보다 훨씬 강해졌고 외모 지상주의에 빠져 있는 것 같았다. 내가 어릴 적엔 그렇게까지 성급한 귀신은 아니었던 것 같은데 말이다. 풀꽃과 함께 내 유년 시절의 공포를 관통했던 홍콩할매귀신 이야기를 하니 사뭇 재미있었다.

  그 다음 날, 머리를 감는데 누군가 쳐다보는 느낌이 들었다. 고개를 숙이고 머리카락에 거품이 잔뜩 있었음에도 그 거품과 머리카락을 부여잡고 위, 아래를 두리번거리며 문 뒤를 살펴보기도 했고 머리카락 언저리를 매만지기도 했다. 전날 풀꽃과 이야기했던 홍콩할매귀신 이야기로 무서운 마음이 훅 들어왔다. 갑자기 유년 시절에 알고 있던, 머리 감을 때 나타나는 귀신, 공부할 때 책상 밑에 나타나는 귀신이 되살아나 꿈틀대는 것 같았다. 방구석 그림책 어린이들과 『블랙 독』(레비 핀폴드, 북스토리아이)을 다시 봤다. 솔직히 말하면 내가 다시 읽어 보고 싶었다.

  한겨울 깊은 숲이 배경이다. 어느 날 호랑이만 한 검은 개가 집 앞에 나타나고, 가족들은 무서움에 떨었다. 무서움이 커질수록 검둥개의 몸집도 커졌다. 가족들은 검둥개가 점점 더 무서워져 침대 밑에 숨기도 하고, 온갖 가구와 사물로 방어벽을 치며 무서움을 막아선다. '꼬맹이'라고 불리는 막내는 뭔가 수상한 일이 벌어지고 있다는 사실을 깨닫고 다짜고짜 현관문을 벌컥 열고 나간다. 검둥개를 마주한 꼬맹이는 "이 작은 구멍을 통과할 수 있겠어?", "그 무게로는 얼음 다 깨지고 물에 빠지겠는걸?" 등의 몇 마디 대화를 주고받으며 얼렁뚱땅 검둥개를 조련하게 된다. 그 과정에서 펼쳐지는 두려움과 무서움의 변주가 『블랙 독』의 주된 내용이다.

  "이 책에서 '블랙 독'은 어떤 느낌이야?"
  "무서움이요, 두려움이요."
  "저는 용기인 것 같아요."
  "그래, 두려움과 용기는 동전의 양면과 같지."

"무서운 것이나 두려운 것은 꿈에 나오기도 하고 일상생활에서 생각이 나기도 해. 자기만의 '블랙 독'에 대해서 한번 생각해 볼까?"

"먼지, 저는 지난봄에 불도그에게 쫓긴 적이 있어요. 개 주인이 끈을 놓쳤고 저는 개에게 쫓겼어요. 불도그가 엄청 빠르게 달려왔고, 저는 더 빨리 전력 질주를 하며 도망갔는데 그만 돌부리에 걸려 넘어졌어요. 개가 덮칠까 봐 눈을 질끈 감았는데 그때 개 주인이 달려와 불도그의 끈을 잡았어요. 어른들은 피가 나는 제 무릎을 걱정했지만 저는 그날 이후 동네에서 만날 강아지를 걱정해요. 어떻게 도망가야 되나 하고 말이죠."

"저는 화산 폭발이 일어나는 꿈을 많이 꿔요. 부글부글 끓는 마그마가 폭발해서 흘러넘치고 화산재가 파편처럼 여기저기 흩어져요. 그때 우리 가족은 용암이 흘러나오는 곳에서 탈출하기 위해 엄청나게 달려요. 이 꿈을 꾸면 늘 무섭고 힘들어요. 용암은 얼마나 뜨거울까요? 뜨거운 용암에 닿으면 죽겠죠? 이 이야기는 제 꿈속의 단골손님이에요."

"저는 홍콩할매귀신이요. 망토를 쓴 할머니를 볼까 봐 무서워요. 혼자 있을 때도 생각나고 산책을 할 때도 생각나요. 자꾸 사람들을 볼 때 망토를 걸쳤는지 안 걸쳤는지를 확인하게 돼요. 홍콩할매귀신을 길에서 만날까 봐 늘 '이뻐요'라고 대답할 준비를 하고 있어요."

귀여운 무서움도 있다는 사실을 어린이들과 대화하고 나서 알았다. 기쁨이나 슬픔처럼 무서움을 상상하는 어린이들의 그 마음은 너비가 얼마나 될까 궁금하기도 했다. 어린이들은 무서운 이야기를 하는데 나는 감탄하고 있는 노릇도 어쩔 수 없다. 햇살 가득한 유년 시절에 꼭 등장하는 무서움에 대한 이야기, 그 이야기를 듣는 것만으로도 내겐 찬란한 시간이었다.

"어른이 되어서도 무서운 것이 있어요?"라는 질문을 받았다. '우리가 어른이 되면 더 이상 무서운 게 없겠지?'라는 내일을 낙관하는 마음으로 물었으리라. 무서움과 두려움의 민낯을 알아 가는 과정이 어른이 되어 가는 과정이라면 두려움이 줄어들었다고 볼 수 없지만 그래도 "어른이 되면 안 무섭지."라고 이야기했다. 궁색하게나마 어른의 품위를 지켰다. 그 답변을 듣고 안도하는 방구석 그림책 어린이들을 보며 상상할 줄 아는 어린이들의 품위가 나는 부러웠다.

　오늘도 유비와 풀꽃은 화장실을 오가며 우당탕 뛰어다니느라 발바닥이 분주했다. 어느 날엔가는 화장실을 갈 때 뛰지 않게 될 것이고, 욕실 문을 열어 얼굴을 빼꼼 내밀고 그 앞에 있어 달라는 부탁을 하지 않는 날이 올 것이다. 그런 날엔 조금 서운한 마음이 생길 수도 있겠다.

김장철과 읽기 독립

　　　　　김장철이 되면 바쁜 기운이 동네에 감돈다. 명절이 다가오면 한산했던 도로의 차들이 바삐 움직이고 무언가 부산한 낌새가 느껴지는 것과 같다. 휴직 전에는 모르고 살았던 김장철의 움직임. 종종걸음으로 동네를 오가는 주부들, 마트에서 절임 배추를 주문하고, 고춧가루를 주문하고, 순서는 잘 모르겠지만 그 일련의 과정들이 서서히 보였는데 친정 엄마에게 김치를 사뿐히 받아먹는 나로서는 이래도 되나 싶게 세상이 바빴다. 동네를 감도는 꼬수운⁽마늘 향의⁾ 김장철의 향기는 아무 생각 없던 나도 '김장을 해야 하는 건가?' 싶게 만들었다. 김장철이 끝나면 한두 포기씩 정겨운 마음을 표현하기도 하는데 김치의 오고 가는 정도 뒤늦게 알았다. 순무 엄마가 김장을 했다고 김치 몇 포기를 갖고 왔다. 대학생처럼 젊고, 필라테스 강사답게 늘 정돈된 모습, 게다가 세련되기까지 한 순무 엄마다. 김치가 담긴 봉투를 내게 전하는데 나는 깜짝 놀랐다.

"직접 담근 거야?"
"그럼요 언니, 50포기 넘게 담갔네요. 작년보다 줄였어요. 아, 그러고 보니 매해 조금씩 줄어드네요. 먹을 사람이 없어서……. 어제 네일 했는데 네일도 다 까지고. 그래도 하고 나니 속이 시원해요. 아! 이번엔 젓갈을 좀 적게 넣어 봤어요. 지난해에는 젓갈이 많이 들어가서 짜더라고요. 이번에는 깔끔하게 담가 봤어요."
"한두 해 한 솜씨가 아니구나. 고마워."

정말 고마웠다. 김치가 냉장고에 두둑이 있으면 마치 삼시 세끼의 마스터키를 얻은 것처럼 든든했다. 김치를 밑반찬의 존재로만 알던 내게 무한반복의 삼시 세끼를 차려내는 경험은 김치의 존재감을 제대로 알게 해 주었다.

갑작스런 방문이라 집 안은 엉망이었지만 얼른 커피 마시자고 청한 뒤 식탁 앞에 앉았다.

"언니, 유비랑 풀꽃은 책을 혼자서 읽어요? 순무는 아직 제가 읽어 줘야 해요."

순무 엄마는 이야기 선생님 모임에서 같이 활동하는데 정말 책을 잘 읽어 준다. 순무 엄마가 이야기 선생님 앞에서 책을 읽었을 때 깜짝 놀랐다. 내가 어린이들 앞에서 낭독했던 것을 헤아려 보며 '내가 참 심심하게 읽었구나.'라는 생각이 들면서, 조금 더 감정을 이입해서 읽어야겠다는 다짐을 했으니 말이다. 순무 엄마는 음성이 맑아 귀에 이야기가 부드럽게 들어오고, 발음이 좋아서 내용도 선명하게 들린다. 그 장점을 너무도 잘 알기에 말했다.

"아, 순무가 혼자서 안 읽어? 자기가 너무 잘 읽어 주는 거 아니야? 그래도 엄마가 읽어 주는 게 제일 좋지. 자기가 좀 피곤하겠지만 말이야."
"맞죠. 하지만 쉽지 않아요. 언제면 혼자 읽을까요?"

서너 살쯤 시작되는 엄마 품 독서는 다섯 살, 여섯 살 즈음이 되었을 때 무르익기 시작한다. 엄마의 살을 부비고, 엄마의 심장 소리와 맞닿으며 신비한 눈으로 책과 엄마를 번갈아 바라보는 어린이들의 시선이 생기기도 하는 때다. 그 시절 아이에게 책을 많이 읽어 줘서 목이 쉰 채로 다니는 엄마도 여럿 봤다. 그러다 아이가 일곱 살 즈음이 되면 한글을 깨치는 데 주력하기도 하고, 주변에 이미 한글을 깨친 다른 아이들로부터 자극을 받기도 한다. 때로는 어느 집 아이는 책을 읽다 보니 한글을 깨우쳤다는 이야기가 희미하게 들려오기도 한다. 그럴 때면 '나도 책 읽어 줬는데…….' 라며 책에게 섭섭하기도 하다. 어린이가 한글을 깨치면서 또 하나의 세계가 보이는데 '읽기 독립'이라는 세계다. 한국에만 있다는 '읽기 독립'의 개념은 글자를 깨친 어린이가 스스로 독서를 한다는 의미인데, 엄마 품 독서를 해 오던 엄마들의 눈빛이 변하는 시기를 뜻하기도 한다. "너도 한글을 아니까 이제 스스로 읽어." 라고 직접 이야기하지 않아도 그런 뉘앙스의 행동과 표정을 보이며 좋은 책 목록을 들이밀기도 한다. 엄마 품이 좋아서 그 안에 안겨서 책을 봤던 어린이들은 '대체, 왜?'라는 당황한 표정을 남기며 선뜻 책을 못 집는다. 그 품이 그리워 책을 못 읽겠다고 읽어 달라고 떼를 쓰면 한글을 알면서 글을 못 읽냐는 타박이 돌아와 고민되는 나날이 어린이에게 펼쳐진다. 마음 둘 곳 없는 어린이들이 '만화책은 어떨까?' 하며 집어 들었는데 엄마가 읽어 주는 것만큼 재밌는 이야기가 펼쳐지고 그림도 귀엽고 자신이 생각했던 궁금증이 말풍선 안에 들어 있으니 마음에 착착 감긴다. 만화책을 보고 있으니 엄마 품처럼 더없이 포근한 것이다. 책 읽어 달라고 조르던 아이가 조용히 앉아 집중하며 만화책을 살펴보고 있으니 조금 흐뭇한 표정이 새어 나온다. 그렇게 황금 같은 1학년 시기를 브내며 '그래, 만화책이라도' 읽는다는 마음의 위안이 크게 다가온다. 그렇게 2학년, 3학년을 유유히 흘려보내다 만화책에만 몰두해 있는 아이를 보며 '이젠 정말 만화책만 보네.'라고 인지를 하고 나서야 만화책 말고 책을 읽어 보자고 한다. 어린이들에게는 재밌는 만화책을 앞에 두고서 줄글을 읽을 이유가 생기지 않는다. 그제야 "책을 읽어야 하는데.", "이러려고 한글을 깨친 건 아니었는데." 라는 말이 뿜어져 나온다. 마침 그 시기에 여러 학원 광고에 솔깃해지고 눈길이 간다. 책 안 읽는 어린이를 책 읽는 어린이로 만들어 주겠다는 마법 같은 문구가 내내 마음에 맴돈다. 학원에 다니며 거기서 내주는 숙제로라도 책을 읽혀야겠다는 의지가 생긴다. 하지만 학원에서 과제로 내주는 읽기는 어린이에게 더 이상 읽기의 기쁨으로 다가오지 않고 그저 숙제가 되어 버린다. 책 읽기의 행위가 다음 단계로 진입하고자 하는 세속적 단계로 변질되는 과정은 이렇게 흐른다. 과장과 감정을 조금 보태어 말하자면, 그 과정에서 5학년, 6학년이 되어 교과서도 제대로 읽지 못하는 어린이들이 나오게 되는 필연성도 있다. 읽기의 기쁨을 알아 가는 과정이 살포시 삶에 들어오면 좋을 텐데 그렇지 못한 세상이다. 읽기의 기쁨이 우정과 환대의 과정으로 들어오면 좋을 텐데 위계와 시험이 있는 읽기의 과정이라면 나도 피해 가고 싶으니 말이다.

순무 엄마는 그런 시기를 다 떨쳐 내고 순무를 품에 안아 원하는 만큼 책을 읽어 줬다. 정성이 없으면 안 되는 일이기에 진귀했다. 하지만 매번 모든 책을 읽어 주기도 어려운 노릇. 1학년, 2학년까지도 이어지는 엄마 품 독서는 언제까지 계속해야 할까? 고민되는 순간들이 올 것이다. 순무 엄마도 그런 이유로 나에게 물었을 것이다.

"순무 엄마, 순무가 원하는 만큼 읽어 줘. 엄마가 읽어 준 만큼 사춘기 때 마음을 열고 이야기한다 하더라고."라며 되도 않는 말을 지어 짐짓 위로해 주었다.

방구석 그림책 어린이들에게 가장 재밌었던 책을 가지고 오라고 한 적이 있었다. 순무가 『김 구천구백이』(송언, 파랑새어린이)를 가지고 왔다. 송언 작가님의 책은 스토리가 탄탄하고 그 흐름 안에 낙천적인 요소가 있어서 독자층이 넓다. 주인공이 친구에게 빌린 만원으로 칠천 원 상당의 장난감을 산 일이 들통나면서 친구의 돈을 갚아 가는 내용이다. 칠천 원을 써서 '김 칠천'이라는 별명으로 불리고 돈을 매일 갚지 않으면 이름이 백 원씩 불어난다. 송언 작가님의 실제 있었던 경험을 반영한 이야기라고 한다. 이 책이 어째서 순무의 재밌는 책이 된 것인지 물어보자, "엄마가 엄청 재밌게 읽어 줘요."라는 대답이 돌아왔다. 책 내용 곳곳에 재밌는 요소가 드러나 있어서 다른 대답을 할 줄 알았는데, 예상과 달리 순무는 담담하게 엄마가 읽어 준 책이라서 재미있다고 했다. 『김 구천구백이』는 글밥이 꽤 되는 두꺼운 책인데 그걸 다 읽어 즈고 목이 아팠을 순무 엄마도 생각이 났고, 긴 이야기의 흐름을 엄마의 음성에 맞추어 가만가만히 듣고 있었을 순무의 표정도 생생하게 그려졌다.

  3학년에 순무와 같은 반이 된 유비에게서 전해 들었다. 순무가 『해리포터』를 읽고 있는데 자기도 『해리포터』가 읽고 싶으니 책을 사 주면 어떠냐고 물었다. 유비가 책을 읽고 싶다는 이야기보다 순무가 『해리포터』를 읽고 있다는 소식이 먼저 귀에 들어왔다. 800페이지가 넘는 해리포터를 목 놓아 읽어 주는 순무 엄마가 도저히 상상이 되지 않았다.

'순무가 스스로 책을 읽고 있구나. 드디어 이야기의 서사에 빠져들고, 엄마의 음성을 기다릴 시간도 없이 책에 빠져들었구나.'

  한 해 한 해 줄어드는 김장의 포기 수처럼 어린이들을 엄마 품에 두고 책을 읽어 주는 시간도 조금씩 줄어들 거라 생각하니 그보다 섭섭할 수가 없었다.

엄마도 한번
읽어 보세요

겨울이 되었다. 시간은 우유히 흘렀고 어린이들은 부쩍 커 갔다. 몸도 마음도 훌쩍 자랐다. 한 겹 두 겹 메시지가 얽혀 있는 책을 고르고 싶었다. 책을 선정하고 난 후, 꽤 긴 글밥과 다소 어두운 내용이 과연 어린이들에게 어떻게 스며들까 궁금했다.

'『여왕 기젤라』(니콜라우스 하이델바흐, 풀빛)'라는 책을 골랐다. 책은 여행지에서 딸에게 들려주는 판타지 이야기로 시작한다. 어린 소녀 기젤라가 여객선을 타고 세계 여행을 하던 중 폭풍이 몰아쳐 배는 가라앉고 기젤라는 어느 섬에서 눈을 뜬다. 기젤라는 그곳에서 말을 할 줄 아는 미어캣들을 만나는데 그들의 대접을 받으며 여왕의 자리에 오른다. 그 이후 여왕 기젤라는 미어캣들 위에 군림하며 지내다 결국 미어캣들의 모의를 통해 섬에서 쫓겨난다. 책을 낭독하며 살핀 어린이들의 얼굴빛은 좋지 않았다. 흘러나오는 말도 조심스러웠다.

"너무 무서운 내용이에요."
"기젤라도 이상하고 미어캣도 이상했어요. 이 책 내용 다 이상해요."
"음침해요."
"여왕 기젤라는 너무 수상하고, 미어캣은 무서워요."
"먼지도 읽으면서 조금 음침했어. 그런데 한 겹 더 껍질을 벗겨서, 작가가 진짜로 말하고자 하는 게 무엇이었을지 생각해 볼까?"

"……."
"……."

침묵이 흘렀다. 내 마지막 질문이 침묵을 흐르게 했다. 고요함 속에서 밝게 빛나는 내용의 그림책도 많은데 괜히 어두운 사회와 개인의 민낯을 보여 줬나 싶었다. 아직 개인과 사회가 분화되지 않는 단계의 어린이들이 포착하지 못하는 부분이 더욱 많았다. 작정하고 '전체주의'에 대한 이야기를 해 볼까 생각하다가 '민주주의에 대해서 어느 정도 알고 있을까?' 등등 이런저런 생각들이 올라왔다.

"얘들아, 민주주의가 뭘까?"
"투표하는 거요."
"대화하는 거요."

다행히 아까와 같은 침묵이 흐르지는 않았다. 어린이들은 민주주의에 대해서 말할 줄 알았다. 소수 어른들에 의해서 민주주의가 변질될 위기에 처해 있는데도 어린이들은 '투표'와 '대화'라고 분명히 말했다. 그렇게라도 알고 있는 것에 대해 크게 안도했다. 아마도 『여왕 기젤라』의 작가는 시민에게 군림하고 횡포를 일삼는 나쁜 리더에 대해 이야기하고 싶었는지도 모른다고 설명했다. 기젤라가 결국 섬에서 쫓겨나게 되는 지점에서는 시민의 힘에 대해서도 설명했다. 아쉬움과 여운은 남았지만 나의 장황한 설명에 길을 잃을까 봐 서둘러 마무리 지었다.

방구석 그림책 모임이 끝난 뒤 뒤숭숭한 느낌이 생겨 『여왕 기젤라』 책을 다시 봤다. 새삼 반장 선거, 회장 선거를 해야 할 때 거론되는 민주주의의 제도적 개념을 뛰어넘는 무언가가 있어야 한다고 생각했다. 가족회의, 학급 회의를 할 때 거론되는 민주주의의 원리를 넘어서는 무언가가 필요했다. 좀 더 정확히 말하자면 어린이들에게 투표와 대화보다, 먼저 민주주의에 대한 윤곽을 보여 줄 필요성을 느꼈다. 그래서 민주주의의 정의가 발현된 이야기를 찾았다. 어린이들의 시선이 담긴 이야기, 서사가 길면 좋고, 전면적으로 민주주의를 말하지 않는 이야기, 어린이들이 포착해 낼 수 있는 단서가 담긴 이야기 등등 조건이 많았다. 그즈음 마침 유비가 『15소년 표류기』(쥘 베른, 비룡소)를 읽고 있었는데 책 내용이 진짜 재밌다고 했던 게 떠올랐다.

"유비, 『15소년 표류기』 재밌다고 했었지? 어떤 점이 재미있었어?"

"굉장히 다양한 어린이들이 나오는데요. 브리앙과 도니편의 싸움, 마지막에 나타난 새롭게 섬에 온 사람들과의 대결도 재밌어요. 그리고 또……. 엄마! 그러지 말고 한번 읽어 보세요."

"어……? 알았어. 유비, 고마워."

오래전에 읽었던 책이라 기억이 희미해서 유비에게 물어봤는데, 유쾌하게 추천해 준 유비 덕분에 『15소년 표류기』를 다시 읽었다. 읽다 보니 이 책으로 민주주의를 빗대어 이야기할 수 있겠다는 생각이 들었다.

뉴질랜드에 있는 기숙학교에 다니고 있는 국적, 출신, 연령, 성격이 모두 다른 소년들이 우연한 사고로 무인도에 표류하게 된다. 민주주의 이전 자연 상태의 질서를 전제할 수 있겠다. 무질서의 상태를 맞닥뜨린 15소년은 생존을 위한 질서를 위해 리더를 뽑는다. 혼란을 막기 위해 소년들 중 가장 연장자였던 고든은 임시 지도자가 되어 당장 급한 것을 해결하고 소년들이 무인도에 적응할 수 있도록 돕는다. 리더 자리를 별로 원하지 않았던 고든이 물러나고 2대 대표 선출이 시작된다. 후보는 브리앙과 도니펀이었다. 선거 시기부터 계속된 두 사람의 갈등은 브리앙이 압도적으로 당선하면서 돌이킬 수 없을 정도로 커지게 되고, 도니펀은 자신을 따르는 소년들과 함께 브리앙 체계의 지도에서 벗어난다. 민주적 절차로서의 대표 선출 방법에 대해서 이야기할 수 있겠다 싶었다. 연장자를 대표로 뽑았던 시기를 회고하며 고든의 입장이 되어 민주적인 절차 없이 대표가 되었을 때의 어려움에 대해서도 이야기해 볼 수 있다. 2대 대표를 뽑을 때 실행했던 투표제의 장점과 단점에 대해서도 이야기할 수 있다. 안전할 거라 생각한 무인도에 새로운 사람들이 표류해 온다. 안전할 것이라고 예상했지만 새 사람들은 15명의 소년들에게 위협이 되었다. 이들이 위협적이라는 것을 감지한 브리앙은 도니펀을 걱정하며 도니펀을 찾으러 떠난다. 도니펀과 브리앙은 위험한 상황에 대비하기 위하여 전날의 갈등을 화해하고 협력하게 된다. 협력의 과정을 통해 섬을 탈출하기 위해 배를 제작하여 육지로 돌아오며 이야기는 끝이 난다. 협력의 과정 역시 처음에는 사냥과 채집을 함께 하는 식의 단순한 협력이었으나, 점점 갈등을 뛰어넘는 복합적인 협력을 모색하게 된다. 고든, 그리고 브리앙은 사회를 만들어 간다. 서로가 공존하며 살 수 있는 민주주의의 구성 원리로 사회를 만들어 갈 수 있다는 것을 인식하고 있었고, 이는 사회의 형상화로 이어지며 곧 민주주의의 형상화로 이어진다.

무엇보다 『15소년 표류기』를 통해 공동체에 대해 생각할 수 있다. 섬 안에서의 협력과 갈등은 모두 더 나은 공동체를 만들기 위한 개개인들의 노력이다. 민주주의의 토대 위에 살아가는 지금의 어린이들과는 달리, 아무런 토대가 없던 섬에서 공동체를 구축하고 그것을 지속하기 위한 노력으로 민주주의의 가치를 형상화하게 된 것이다.

　책을 읽고 생각을 정리해 보니 어느덧 나는 수업 자료를 만들고 있었다.
　"흠······. 이건 고등학생들 수업 시간에 활용하면 좋겠는데?"라며 혼자 중얼거렸다.
　『파리대왕』(윌리엄 골딩, 민음사)을 함께 보여 주면 민주주의의 명암을 두루 살펴볼 수도 있겠다. 한참을 심도 있게 생각하고 난 후에야 또 한 번 깨닫는다. 늘 이렇게 나에게 책을 읽게 만들고 영감을 얻게 도와주는 존재가 바로 어린이들이라는 것을.

　『15소년 표류기』를 읽고, 방구석 그림책 어린이들에게 "민주주의의 모습이 이런 거야."라고 이야기할 수 있게 되었다.

'공동체'를 중심에 두고 민주주의를 이야기하면 좋겠다. 지금은 알 때가 아니라며 존재를 축소시키는 말로부터, 크면 알아서 배우게 된다는 잘못된 믿음으로부터, 미디어의 정치 행위를 보며 비판하는 것에서부터 민주주의 교육이 시작된다는 환상으로부터 벗어나, 부지런히 성찰하고 좀 더 적극적이어야겠다. 어린이들의 수용력은 우리보다 훨씬 크고 깊기에 주저하지 말고 진정한 가치를 어떻게 설명해야 할지 고심하는 어른이 되어야겠다.

시간이 멈추는 공간
문방구

문방구는 어린이들의 마음이 진열되어 있는 곳이다. 어린이들에게 인기가 많은 캐릭터의 향연이자 유행하는 장난감과 문구류의 집결지다. 어린이들이 요즘 어떤 것을 좋아하는지를 알려면 문방구에 가면 된다. 문방구 사장님과 이야기를 나누어 보면 더 선명해진다. 문방구 사장님은 어린이들이 왜 그것을 사는지, 그 캐릭터가 어디서 나오는지, 몇 학년에게 가장 인기가 있는지 아주 세세하게 알고 있기 때문이다. 심지어 학년마다 유행을 선도하고 있는 친구들도 알고 있어 어린이들의 문화를 파악하기에 문방구만큼 좋은 곳이 없다. 어느 해에는 딱지가 유행했던 적이 있었다. 하긴 딱지는 그해에만 유행한 것은 아니다. 꾸준히 유행하는 아이템인데 유독 그해에 유행했던 딱지는 내가 이제까지 봐 왔던 그런 딱지가 아니었다.

"사장님, 딱지가 제가 아는 딱지가 아니네요?"
"아, 그거 '브롤'이잖아. 애들 브롤 게임 엄청 하잖아. 브롤 캐릭터가 귀여워서 남녀노소 다 좋아하지. 그것을 딱지로 만들었는데 엄청 인기가 많네. 500원짜리, 1000원짜리도 있고 2000원짜리도 있어서 애들이 맘껏 선택할 수도 있고. 우리 어릴 때 갖고 놀던 그 딱지는 아니지만 착착 소리도 잘 나고 넘기는 재미도 있나 보던데. 없어서 못 팔지!"

사장님께 간단한 질문을 건네면 늘 이렇게 어린이들의 문화를 전해 주신다. 어린이들 문화의 탄생과 쇠락이 문방구에서 함께했다. 그런 시간의 흐름을 한결같이 지켜보는 사장님은 매일 행운의 순간을 경험하는 것일 게다.

아이들 학교 준비물을 마련하기 위해서, 아이들의 친구

들 생일 선물을 고르게 하기 위해서, 때로는 하릴없이 문방구를 오갔다. 그날 풀꽃은 문방구에 진열된 것을 그냥 보기만 하겠다며 길을 나섰다. 나 역시 그냥 따라 나섰다. 문방구 문을 들어서자마자 소리를 지르는 풀꽃, 그 앞에 같이 소리 지르는 안개가 있었다. 약속하지 않은 우연한 만남에 어린이들은 어쩔 줄을 몰랐다. 그것도 문방구에서 만나니 할 말이 더 많아졌다. 둘은 손을 꼭 잡고 문방구 여기저기를 돌아다니며 끝도 없는 이야기를 시작했다. 자기가 좋아하는 캐릭터를 소개하기도 했고, 집에 있는 인형에 대해서 설명하기도 했다. 그러다 지우개 앞에서 머뭇거렸다. 너무 귀엽다며 어쩔 줄 몰랐다. 그 옆에 있던 지우개 똥을 치우는 강아지는 또 얼마나 귀여웠는지 두 손을 모으고 쳐다보고 있었다. 이럴 땐 대체로 다 사 줘야 하는 일이 생기기에 시선을 딴곳으로 돌렸다. 눈을 마주치면 안 된다. 나는 뒷짐을 지고 사장님과 이야기를 나누었다.

"저학년들한테 지우개는 지우개가 아니야. 그냥 귀여운 필통 속의 소품이지. 기능적으로 잘 지워지는지 아닌지는 그다음 문제야. 4, 5학년쯤 되어서야 학용품의 기능을 생각하거든."

내가 쭈뼛거리는 것을 본 사장님은 목소리를 낮추어 이야기했다. 사장님의 이야기를 들으며 기분 좋게 '사 줘도 되겠구나.'라고 생각하는 찰나, 안개는 집에 갈 시간이 되어 인사를 하고 서둘러 나갔고 풀꽃은 맑은 눈빛으로 나에게 이야기했다.

"엄마, 이 당근 지우개 너무 귀여워요. 아, 이 가지 지우개도요. 아까 안개가 당근 지우개를 엄청 귀여워했는데 나는 안 사 줘도 괜찮으니까 당근 지우개를 사서 안개에게 선물로 주면 안 될까요?"
"안개가 좋아하는 당근 지우개만 사도 돼? 가지 지우개는 안 사도 되는 거야?"
"그럼요. 저는 안 사도 돼요. 친구에게 선물을 주고 싶어요."

자기 것을 사지 않고 친구의 선물만 사겠다는 풀꽃의 말에서 부쩍 자란 어린이의 마음을 보았다. 뒷짐 지고 구석으로 숨었던 내가 미안해지는 순간이었다. 당근 지우개를 사고 집에 온 풀꽃은 포장을 했다. 작은 손으로 오물조물 포장하는 움직임에서 우정을 가꿀 줄 아는 마음이 자라는 것이 보였다. 빨리 내일이 왔으면 좋겠다는 풀꽃의 말에서 선물을 전해 주고 싶은 설렘도 느껴졌다.

큰 소리로 나를 부르며 풀꽃이 들어온다. 하교 시간 알람을 맞춰 놓았는데 그 시간보다 먼저 들어온 풀꽃은 목소리 톤이 높았다.

"안개가 저에게 가지 지우개를 선물로 줬어요!"

행복해 하는 풀꽃의 표정을 보며 어른의 삶보다 훨씬 예쁘구나 생각했다. 친구의 취향을 살피며 누군가를 위해 선물을 포장하고 마음을 담은 행위에서 환대의 마음도 보았다. 서로가 서로를 위해 주었던 기억, 주고받았던 선물의 기억으로 또 누군가에게 마음을 표현하고 환대를 받았던 누군가는 또 다른 누군가에게 환대하는 마음으로 보답하면 꽤 근사한 우정과 환대의 공동체가 되어 있으리라 생각한다.

어찌 보면 문방구에서 시작되는 학교 방과 후 삶의 또 다른 면모다. 문방구 사장님들의 얼굴빛은 참 자애롭다.

어쩌면 문방구에서 어린이들의 순도 높은 미소를 마주할 수 있기 때문이 아닐까 생각해 본다. 문방구가 많아져야 하는 이유는 여기서 비롯된다. 어린이들이 마음 놓고 뭔가를 고를 수 있는 선택권이 보장된 장소, 자기의 취향을 알아 가는 장소가 바로 문방구다. 좋아하는 것들로 둘러싸인 공간에서 좋아하는 것을 바라보고 있을 때 어린이들은 잠시 여행을 하는 기분을 만끽할 것이다. 더 많이 가서 더 많이 만끽할 수 있게 시간을 내주면 좋겠다. 문방구에서도 세상을 배울 수 있는 어린이들을 합리적이고 효율적인 경제교육이라는 테두리 안에 끼워 넣지 말고, 조금 더 자신의 취향을 알아 갈 수 있는 공간들을 확장해 주면 좋겠다. 내가 좋아하는 것을 아는 것만으로도 이미 삶의 원동력을 가진 것이나 다름없다.

안개에게 가지 지우개를 선물받고 풀꽃이 기뻐한 그날은 우리가 『꽁지머리 소동』(로버트 먼치, 풀빛)을 읽기로 한 날이다. 로버트 먼치는 영미권에서 어린이들에게 매우 인기가 있는 작가로 성우와 작가의 역할을 함께한다. 이 작가의 책에는 늘 소동이 일어나는데 이 책에 등장하는 소동은 '따라 하기' 소동이다. 책을 읽자마자 풀꽃은 머리

끈과 빗을 준비했다. 오늘 방구석 친구들과 꽁지머리를 하고 놀 작정이었다. 안개가 오전에는 학교에 갔지만 감기 증상이 있어서 저녁 방구석 그림책 모임에 참석하지 못한다는 메시지를 전했다. 그 소식을 들은 풀꽃은 손에 들린 머리 끈을 보며 실망한 표정이 역력했지만 곧 방구석 그림책의 다른 어린이들과 눈을 맞췄다. 어린이들도 안개의 자리를 채워 주기 위해 풀꽃에게 눈빛으로 신호를 보낸다. '내가 미용실 놀이의 주인공이 되어 줄게' 하고 말이다. 서로에게 주는 선물의 행위가 또 다른 타인에게서 선물로 전해진다. 이렇게 말이다. 꽁지머리를 하고 나타난 제갈량, 순무, 유비의 모습에 서로 마주보고 웃었다. 서로에게 환대를 하는 추임새를 감각적으로 아는 어린이들이다. 오늘도 어린이들에게 배웠다.

짜장 맛 떡볶이와
고추장 맛 떡볶이

　　　　　　간식을 생각하는 것만으로도 마냥 행복한 어린이들은 재밌게 책을 읽은 만큼 간식도 맛있게 나누어 먹었다. 첫 만남 때 먹었던 소보로빵과 우유. 어린이들은 포슬포슬한 빵을 베어 물고 우유를 시원하게 들이키며 그림책 수다에 집중했다. 오물오물거리다 보니 첫 만남의 긴장이 어느새 사그라들었던 것 같다. 방구석 그림책 시간이 거듭될수록 과자나 비스킷, 초콜릿 등 어린이들의 기호를 반영한 간식이 등장하기도 했다. 얼마씩 용돈을 나누어 주고 방구석 그림책 수다가 시작되기 전에 동네 슈퍼에 가서 먹고 싶은 봉지 과자를 골라 오기도 했다. 여러 배송 시스템을 이용하며 동네 슈퍼에 갈 일이 현저히 줄었는데 어린이들 덕분에 일주일에 한 번은 동네 슈퍼에 가는 영광을 누렸다. 슈퍼에 진열되어 있는 봉지 과자를 보면서 내 어린 시절의 오징어집도 생각이 나고 벌집피자도 생각이 났다. 어린이들은 자기가 직접 고른 봉지 과자를 모두 펼쳐 놓고 골라 먹는 선택의 기쁨도 맛보았다. 펼쳐 놓고 먹는 과자의 맛, 어린이들의 표정은 그보다 행복할 수 없었다. 그런 날은 어김없이 그림책 수다도 잘 이루어져서 나 역시 신바람이 났다.

슬슬 온도가 높아지고 높은 습도가 더해질 때면 쭈쭈바는 우리의 일용할 양식이 되었다. 쭈쭈바를 여름의 단골 간식으로 준비했을 때 특히 어린이들의 만족도와 책 읽기의 집중도가 높았던 기억이 있다. 달달하고 시원한 아이스크림의 맛을 넘어설 간식은 없었다. 각자 하나씩 가뿐하게 들고 먹는 간식이라 준비하는 데에도 먹는 데에도 수고로움이 덜했다. 석양이 길어지기 시작하는 무렵의 간식으로는 홍시와 귤이 빠질 수 없었다. 책상 한 켠을 지키고 있는 귤은 어린이들의 갈증을 담당했다. 가을이 되니 풍성한 과일이 책상 위에 많이 올랐는데 다삭함과 청량함으로는 과일을 따라올 양식이 없었다. 책상 위에 오르내리는 간식으로 우리는 계절이 흐르고 지나고 있음을 알았다. 당연히 책상 위에 올라온 것이 아니라 우리 엄마가, 할머니가, 우리 아빠가 간식을 준비하기 위해 바쳤던 애씀의 시간도 덩달아 책상 위에 같이 올라왔다.

  날이 추워지니 따뜻한 국물이 생각났다. 바깥 놀이보다는 따뜻한 아랫목에 앉아 도란도란 수다 떠는 시간이 더 길어졌는데 음식 솜씨 없는 나에게도 어묵탕은 도전해 볼 마음을 가지게 만드는 음식이었다. 안개 엄마와 순무 엄마가 매번 돌아가며 간식을 준비하는 노고를 잘 알기에 겨울에는 내가 간식 담당을 해 보기로 했다. 멸치와 다시마로 육수를 푹 고아내고 대파 뿌리와 무를 뭉근하게 끓여서 어묵탕에 넣었다. 보글보글 끓는 냄비 위로 맛있는 냄새가 피어났다. 바깥의 찬 기운을 몰고 한 명, 두 명 방구석 그림책 어린이들이 들어오는데 얼굴빛이 밝다. '오늘 간식은 어묵탕이구나!' 하고 느끼는 순간이기도 하면서 '오늘은 바닥에 둘러앉아 책을 읽을 거구나.' 하면서 설레는 눈치다. 사 먹는 간식은 옆에 둔 채 책을 읽고 이야기를 나누며 먹을 수 있었지만 한 그릇 음식을 만들어 먹으면 조금 더 적극적으로 이야기를 나눌 수 있었다. 머리를 맞대고 둥그렇게 앉게 되니 그럴 만도 했다.

  어느 날엔 떡볶이를 간식으로 준비했다. 유비, 풀꽃처럼 다른 어린이들도 매운 것을 못 먹을 거라고 지레짐작해서 짜장 떡볶이를 준비했다. 대파와 고기를 한데 볶고, 짜장 소스를 만들었다. 미리 만들어 놓은 육수를 붓고 뭉근하게 소스를 끓였다. 그리고 나서 떡과 어묵, 계란을 같이 넣고 끓였다. 보글보글 맛있는 냄새가 나고 내 뒤로 어린이들이 몰려왔다. 눈과 코로 맛을 음미하고 자리로 갔다. 안개가 자리를 뜨지 않고 나에게 지긋이 이야기했다.

  "먼지, 짜장 떡볶이네요? 음, 제가 고추장 떡볶이를 좋아하거든요. 고추장 떡볶이도 해 줄 수 있어요?"
  "아, 매울 텐데. 먹을 줄 알아?"
  "그럼요!"

  매우 명랑한 부탁이었다. 옆 가스 불에 또 하나의 냄비를 올려놓고 다시마와 멸치로 국물을 냈다. 떡과 어묵, 계란을 한데 놓고 또 푹 끓였다. 이번에는 대파도 넣고, 고추장을 풀었다. 고추장 떡볶이를 또 만들었다. 어린이들이 바깥에 나가서 놀기로 한 시간이 있어서 서둘러 음식을 만들어야 했다. 양손으로 편수 냄비를 들고 살살 흔들면서 간이 배도록 했다. 어린이들은 내가 불가능하게 생각했던 일들을 가뿐하게 하도록 해 주는 마법사 같다. 내가 편수 냄비를 휘두르며 간장 떡볶이와 고추장 떡볶이를 동시에 하게 될 줄은 상상도 못했다. 눈썹 휘날리게 떡볶이를 하고 있는데 어린이들이 다시 내 뒤로 왔다.

"먼지, 저 짜장 떡볶이랑 고추장 떡볶이랑 둘 다 주세요." 방금 전에 고추장 떡볶이를 먹겠다고 했던 안개였다. 그러자 "저도요." "저도요." "저도요."가 메아리치며 모두 짜장 떡볶이와 고추장 떡볶이를 다 먹겠다고 하는 지경에 이르렀다. 상차림을 하는데 각자 두 개의 국그릇과 물이 빼곡히 놓였다. '상다리가 부러진다는 것은 이럴 때 하는 말인가?' 하며 고개를 갸우뚱했다. 오래도록 어린이들이 먹는 것을 지켜보며 흐뭇했다. 매운 것을 잘 못 먹는 유비와 풀꽃도 떡볶이를 한입 먹고, 물을 한 컵 마셔 가며 먹었다. 안개는 호호 매운 소리가 절로 나오자 계란 노른자를 으깨서 떡볶이 국물에 풀어 맵지 않게 먹을 수 있는 방법도 전해 줬다. 먹을 때 나누는 대화는 짧은데도 종일 따뜻한 느낌을 품게 했다. 우리가 둘러앉아 먹었던 온기 있는 음식 사이로 피어오르는 대화 속에서 행복에 가까운 이끌림을 느꼈다. 둘러앉은 방구석 그림책 어린이들이 행복한 마음을 잘 알아차리는 사람이 되었으면 하는 바람으로 살며시 미소를 지어 보았다.

  어린이들은 "떡볶이에 계란을 넣었네요? 메추리알을 넣어도 맛있어요."라고 조언도 해 주었고 간이 참 잘 배었다고 칭찬해 주었다. 기분이 좋았다. 친구들이 놀자고 할 시간은 다가오고 떡볶이는 먹어야겠고 수다도 떨어야 하고 참 바쁜 저녁 식사 자리였다. 반 친구들이 같이 놀자며 누르는 초인종 벨소리가 울렸다. 한자리에 앉아 있던 어린이들은 튕기듯 달려 나갔다. 미처 다 먹지 못한 안개는 엉겁결에 일어섰다가 재빨리 다시 와 떡 하나를 입에 넣고 부리나케 달려 나간다.

  달려가는 속도만큼 빨리 커 버릴 어린이들, 커 가며 먹게 될 수많은 음식 중 둥그렇게 앉아 먹었던 짜장 맛 떡볶이와 고추장 맛 떡볶이를 기억해 주면 더없이 기쁘겠다.

우정으로 가꾼
책의 정원

어느 날,
가정통신문이 왔다

여느 때처럼, 아이들의 가방 안에는 가정통신문이 들어 있었다. 그날의 가정통신문 내용은 '이야기 선생님'에 대한 내용이었는데 매주 금요일 아침 시간에 각자 맡은 학급 어린이들에게 그림책을 읽어 주는 봉사활동이라고 설명되어 있었다. 어린이들 앞에서 그림책을 읽어 준다는 상상을 해 보니 재미있을 것 같았다. 떠들고 이야기하는 것이 소명인 나는 무엇에 이끌리듯 순식간에 신청서를 작성했다. 신청서를 아이들 편에 보내고 나서 잊을 만할 때쯤 학교에서 문자가 왔다. 이야기 선생님 그룹이 구성되었고 회의를 통해 역할을 분담한다는 내용이었다.

　첫 모임에서 만날 분들을 상상하며 기다렸다. 두루 서툴고 서먹한 나의 모습과는 달리 모두가 환대의 모습으로 서로를 반겼다. 그간의 안부를 물으며 알 듯 모를 듯 서로에게 다가가는 모습이 인상 깊었다. 학부모 총회 모임이나 반 모임과는 달리 편안하고 자애로운 모임이 될 것 같다는 예감이 밀려왔다.

　"유비와 풀꽃의 엄마입니다. 이제 초등학교 1학년이 되었어요."
　"아유, 멀었네."

　간단히 자기소개를 하자 초등학교 새내기 엄마의 시작에 걱정할 것 없다며 손사래를 치셨다. 아이들의 낯설고 두려운 1학년 생활에 대한 걱정과 우려가 조금씩 물러갔다. 나도 초등학교 1학년이 된 것마냥 고개를 두리번거리며 금요일마다 학교를 오고 갔다. 선배 엄마들의 이야기를 통해 다른 학년의 언니, 오빠들 생활을 엿보며 지평선 너머의 다른 삶에 대해서도 희미하게 인식했다.

이야기 선생님으로 첫 임무를 맡은 날, 1학년 1반으로 들어가는데 어린이들이 저마다 갸우뚱하는 표정으로 내 앞에 왔다. "아줌마 누구예요?"라고 묻는 어린이들을 이끌고 교실 뒤쪽으로 갔다. 의자 하나를 뒤로 빼고 앉았다. 의자가 너무 작아서 기우뚱할 뻔했지만 금세 균형을 잡고 자리에 앉아 '어린이들이 참 작구나.' 생각하며 초등학교 교실 속에서 나의 몸과 마음을 가늠해 봤다. 그러니 보이는 책상과 사물함, 모두 다 작았다. 이렇게 작은 공간에서 어린이들의 마음을 키워 주는 초등학교 교실 속 모습이 원대해 보였다. 귀한 일을 하는 공간이구나 생각하니 경이로웠다.

이런저런 생각을 하며 의자에 앉았는데 어린이들이 주변으로 금세 둘러앉았다. 어린이들 앞에서 나는 이야기 선생님이고 일주일에 한 번 그림책을 읽어 준다고 이야기하니 환호성이 이만저만이 아니다. 함께 신이 났다. 첫 번째 책으로 준비한 『열두 달 나무 아이』(최숙희, 책읽는곰)를 큰 소리로 낭독했다.

"1월에 태어난 너는 동백나무 아이
힘찬 날갯짓으로 새날을 여는 아이

...
5월에 태어난 너는 등나무 아이
누구에게나 먼저 손 내미는 다정한 아이
...
11월에 태어난 너는 자작나무 아이
두려움이 없이 내일로 나아가는 아이"

    어린이들은 웅성웅성거리며 생일, 태어난 계절을 이야기하기 시작했다. 한바탕 태어난 날에 대한 단상들을 이야기하고 나니 어린이들과 친구가 되어 있었다. 다음에 또 만나면 무슨 이야기를 건넬까? 하는 마음을 품고 교실을 나왔다. 교실 문을 나서면 복도 끝에 도서관이 있는데 그날의 이야기 선생님 역할이 끝난 분들이 기다리고 있었다. 맡은 반에서 그날 읽어 주었던 책에 대한 이야기를 하고 어린이들의 반응을 공유했다. 그림책 읽기가 처음이라 흥분이 채 가라앉지 않았는데 커피를 마시며 이야기를 하니 그제야 그림책이 보였다. 내가 알고 있었던 그림책과 타인이 알고 있는 그림책의 다른 모양새가 좋았다. 알고 있는 세계가 확장되는 느낌이 들었고 그 세계로 요원하게 빠져드는 느낌도 좋았다. 간단한 수다가 끝나고 다음 주에 읽을 책을 서로 골라 주는 가뿐한 사유의 허무림도 참 근사했다. 매주 금요일이면 마주 앉아 그림책에 대해 이야기하고 어린이들의 이야기를 드러내는 과정이 의미 있었다. 귀한 엄마들의 만남과 관계 안에서 '나는 성장하겠구나'라는 생각이 은은하게 밀려왔다.

자녀들의 학교생활을 복도 창문 너머로 지켜봐야지 생각했던 마음보다는 아이들의 친구의 친구를 만나러 간다는 생각으로 매주 금요일 사뿐하게 등굣길에 합류했다. 어느 날에는 카리스마 있게 분위기를 잡기도 했고, 어느 날에는 춤을 추며 함께 책을 읽기도 했다. 순간순간의 기분을 만끽하며 어린이들과 진해지는 우정의 정직한 시간을 관통하며 지냈다. 허튼짓과 장난, 까부느라 그림책 이야기에 귀를 기울이지 않는 어린이들도 생겨났는데 그 어린이들과 눈이 마주치면 웃는 여유도 내게 생겼다. '요 녀석들, 까불면서 허튼 장난을 하면서 세상을 배워 나가고 있구나.' 하며 마음의 품을 키웠다. "먼지도 그런 적이 있었는데……." 라고 이야기를 꺼내면 어린이들은 초롱초롱한 눈으로 그때 그 시절의 이야기에 집중했다. 시답지 않은 이야기에 감탄하며 깊은 호응을 하는 어린이들을 보며 나도 어린이들의 세상에서 가르치기보다는 감탄만 하겠다고 스스로 결심했다. 그랬더니 어린이들의 표정이 보이고 마음이 보였다. '이야기 선생님'이라는 존재로 쌓여 가는 시간 속에서 순도 높은 감정을 갖고 있는 어린이들의 곁에 함께할 수 있어 영광이었다.

가정통신문 한 장으로, 그림책으로 시작된 엄마 세계에서의 만남은 이렇게 시작되었다. "삼시 세끼 차리는 것이 이렇게 고된 일인 줄 알았다면 휴직을 안 했을 거예요."라는 말을 누누이 하고 다녔다. 이처럼 힘들고 지난했던 양육자로의 삶이었지만 뜻밖의 만남에서 응원과 다독임을 받았다. 교사로서가 아닌 엄마로서 자립하게 된 계기는 그것에서부터였다.

아홉 살이 된 엄마들

'어' 다르고 '아' 다르다. 그 '아'와 '어'가 엄마 모임에서는 몹시 중요했다. 맥락을 알아채야 하는 여섯 번째 감각이 부지런히 움직였다. 조직 생활을 하다 교사라는 직함을 내려놓고 엄마로 살아가는 '육아휴직'이라는 시간 동안 머리와 마음이 바빴다. 그렇게 '엄마 모임'이라는 새로운 우주를 만났다. 조금의 공통분모가 생기면 대화가 이뤄지는데, 공통점이 많아지면 금세 자신보다 나이가 많은 분들께는 '언니야!', 자신보다 나이가 적은 분들께는 '자기야!'로 경계를 허물었다. 남편에게도 잘하지 않는 '자기야'라는 말이 여기서 쓰이는 것을 알았다.

다정하고 우아하게 서로의 영역에 들어와 친근감을 표시했다. 이야기 선생님 모임에서 어린이들의 독서 행사를 결정하던 중에 남성의 일손이 필요했다. "언니의 남편 분께 부탁드려 볼까요?" 라고 머뭇거리며 서툴게 표현하는 내 옆에, "와우, 그래! 형부에게 부탁하자."라고 간결하게 표현하는 언니가 있었다. 존경하는 마음이 생겼다. '형부라…… 아! 이거구나. 엄마들의 세계에서 친근감의 밀도 짙은 단어가.' '언니, 자기, 형부'라는 삼각구도의 단어를 익숙하게 구사한다면 이 우주에서 티끌만큼의 존재감을 갖게 된다는 사실을 알았다.

때로는 사는 이야기도 펼쳤다. 서로의 응어리진 이야기와 서사를 들으며 인간에 대한, 여성에 대한 감응을 했다. 여성들의 삶에 펼쳐지는 이야기가 비슷비슷해 보여도 다 그만한 사연이 있고 서사가 있었다. 쉽사리 꺼낼 수 없는 이야기를 귀 기울여 들었다. "자기, 그거 알지?"로 시작하는 몇몇 이야기들은 사실 그 느낌을 잘 알지 못할 때도 있었다. 그럼에도 불구하고 잘 알고 있다며, 그 느낌 모르겠냐고 너스레를 떨며 공감의 리액션을 펼쳐 냈다. 재밌는 이야기를 하는 언니에게 맞장구치고, 사연 있는 이야기를 하는 동생의 말에 경청하다 보니 행간을 읽어 내는 사람이 되어 있었다. 말보다 표정을 눈여겨 읽는 사람이 되어 가고 있었다.

  서로의 아이들에 대해 아끼는 마음도 생겼다. 내 자녀와 타인의 자녀 사이에 갈등이 생기면 한눈으로 보고 다른 한눈으로는 잊어버릴 줄 아는 마음도 갖게 되었다. 몇몇이 놀다 갈등이 발생하면 서로의 이야기를 듣고 그럴 수 있다며 상황에 대한 생각을 키웠고 아이들의 마음도 넓혔다. 내 아이만 생각했던 지난날을 회상하며 잔잔하게 성장하는 엄마 모습이 된 나를 바라봤다.

  자녀와 친한 친구의 엄마와 친해지는 건 노력도 필요하고, 적응도 필요하다. 이야기 선생님 모임에서 엄마들의 사이가 가까워져 자녀들과 같이 만나 놀게 되는 경우도 생겼다. 엄마들은 유쾌하게 즐기는 시간에 어린이들이 서먹하게 놀더라도 친하게 놀라고 강요하지 않는 적정한 거리와 충분한 사이를 만들어 욕심을 내려놓는 연습도 많이 했다.

때로는 재밌는 일을 구상하며 공동체에 활기가 넘쳤다. 영어 학원에 다녀야 할로윈 축제의 분위기를 느낄 수 있을 때, 우리만의 할로윈 파티를 만들어 어린이들과 한바탕 놀아 보기도 했다. 밤늦은 시각, 가까운 놀이터를 본부로 삼아, 어린이들이 이야기 선생님의 집에 방문하고 이야기 선생님들은 재밌게, 무섭게 어린이들을 맞았다. 이쪽저쪽으로 집을 이동하며 밤길을 걷는 것에 애써 불안함을 감추고 먼발치서 어린이들을 지켜 주는 경호원 역할에는 아빠들이 자원했다.

"지금 박쥐 팀 아이들이 207동으로 가고 있습니다."
"헉 유령 팀의 아이들이 의견 마찰이 있었나 봐요. 아홉 명은 같이 가는데 한 명이 그 무리에서 나와 다른 곳으로 가고 있네요."
"아, 아닙니다. 유령 팀 리더가 그 친구를 데리고 가고 있군요."

마치 007작전을 방불케 했다. 단톡방에서 실시간으로 반영되는 어린이들의 움직임을 중계하는 아빠들의 이야기를 들으며 집에서 기다리고 있던 이야기 선생님들은 숨

죽이며 웃었다. 'trick or treat'를 하는 어린이는 물론이고 그 과정을 함께했던 어른들도 몹시 유쾌했다. 어른이 극진하게 서비스를 제공하는 축제가 아니었다. 너희들도 즐겁고, 우리들도 재밌는 모두의 축제로 마음을 모았다.

 말하지 못하는 것들을 보고 듣고 공감하며 엄마 세계에서 건강한 존재로 거듭났다. 언니, 동생들의 삶을 엿보며 비슷한 삶을 사는 것 같아도 매 순간 정성을 다해 사는 사람의 삶은 어쩔 수 없이 빛이 난다는 것을 깨달았다.

엄마의 책방

　　　　　　　　이야기 선생님 모임의 구성원은 참 다양했다. '왕공'이라는 중국 국적의 이야기 선생님도 있었는데 교실에서 『서유기』를 읽었다. 완역본으로 된 『서유기』 책이었는데 어린이들은 두껍고 낡은 그 책에 나오는 이야기가 신기하고 재미있었나 보다. 어린이들은 늘 왕공 선생님을 기다렸다. 우리는 맡은 반이 있어서 고정적으로 들어갔지만 왕공 선생님은 유동적으로 반별로 돌아가며 이야기를 전했다. 왕공 선생님은 차분하게 이야기를 하시는 분이었고 책을 읽을 때도 별다른 구연 없이 내용을 천천히 읽어 나갔다. 한번 들어가면 20분밖에 읽지 못하기 때문에 내용이 끊길 수밖에 없어서, 시간에 쫓겨 이야기를 끝내야 될 상황이 되면 더 이야기해 달라는 원성을 듣기도 했다. 어린이들은 『서유기』 이야기에 푹 빠져 있었다. 어린이들이 이야기에 풍덩 빠진 이유는 무엇일까 곰곰이 생각하게 되었다. 재미를 위해서, 학습을 위해서 포장된 내용의 책을 고르고 과장된 액션으로 이야기를 전했던 나를 돌아보게 했다. 돌이켜 보면 어린이들의 그림책 세상에서 책을 읽고 가위질, 풀칠하느라 손과 입은 바쁜데 결국 남아 있는 이야기가 없는 경우도 있었다. 듣는 귀를 달란트로 받은 어린이들에게 이야기를 전하는 것에 화려한 기교나 전략은 필요 없었다. 재밌는 서사가 담겨 있는 이야기책을 고르고 차분히 들려주면 되었다. 이야기를 좋아하는 것은 인간의 선천적인 본성이라고 했다. 유발 하라리도 이야기를 듣고 나누는 행위가 유인원이 세상을 지배하게 된 결정적인 이유라 하지 않았던가.

금요일 아침이 되면 분주했다. 좀 더 일찍 일어나 아이들도 챙겨야 했고 골라 놓은 그림책도 챙겨야 했고 옷매무새도 한 번 더 다듬었다. 새벽에 울리는 단톡방의 메시지를 확인하는 것도 중요한 일 중 하나였다. 주로 긴급한 메시지였기 때문이다.

"둘째가 열이 나요. 오늘 2학년 3반에 들어갈 이야기 선생님 없을까요?"
"제가 가겠습니다. 마음 편히 둘째 간호하세요. 걱정하지 마세요."

몇 차례 그럴 때마다 좋은 기운으로 빈 구멍을 채워 주는 엄마가 있었다. 그분의 정체가 궁금했는데 한참 후에야 알았다. 걱정하지 말라며 든든하게 빈틈을 채워 준 엄마는 두 명의 대학생을 둔 학부모였다. 아주 예전에 자녀가 지금의 초등학교를 다녔고 오래전부터 이야기 선생님 봉사활동을 해 왔다는 이야기를 전해 들었다. 경이로웠다. 귀한 아침 시간에 초등학교 교문을 향해 전진하는 마음의 원동력이 무엇일까 생각했다. 자녀들의 유년 시절을 회고하는 힘으로 봉사활동을 이어 나가신다는 소회를 밝혔다. "이야기하는 것이 좋아서 남았다."는 말이 아로새겨졌다. 이렇게 다채로운 사람들의 모임 속에서 다정하게 어우러지는 엄마들, 그 안의 어린이들은 참 행운이구나 생각했다. 신통방통한 이야기 선생님 모임에서 만난 엄마들은 '책'이라는 선물을 중심에 두었고 다양한 삶의 태도를 배울 수 있는 품을 남겨 주었다.

  5월 어느 날엔, 아이들과 함께 가까운 수목원에 가서 오름을 함께 오르면 어떻겠냐는 누군가의 제안을 사뿐히 받아들였다. 돗자리와 도시락을 준비하고 그날만을 기다리는데 나들이 가는 아침에 비가 뚝뚝 떨어졌다. 비가 오니 계획을 취소해야 하나 싶어 심각하게 물었는데 그냥 진행하자는 가뿐한 대답이 돌아왔다. 대수롭지 않게 비옷을 준비하면 된다는 응답에 육아와 놀이를 껴안은 엄마들의 품은 어디까지일까 생각했다. 비옷과 여러 준비물을 간신히 챙겨 도착 시간에 가까스로 도착한 나와는 달리, 같은 준비 시간 동안 집에서 직접 조리한 팝콘치킨, 주먹밥, 숲에서 읽어 줄 그림책까지 챙기는 언니와 동생들의 넓은 아량과 여유를 보면서 어린이들과 함께하는 일에 좀 더 깊이 생각하기로 마음먹었다. 엄마들도 모이고, 어린이들도 모이니 꽤 많은 인원의 공동체가 되어 있었다. 어린이들과 함께 등산을 하고, 들판에 앉아 그림책을 읽어 주고, 엄마들끼리, 어린이들끼리 수다도 떨며 숲의 유희를 즐겼다. 주변을 둘러보니 뚝뚝 떨어지던 비는 어느새 그치고 이슬을 머금은 놀기 좋은 숲이 되어 있었다. 역할을 미리 정하기라도 한 듯 어린이들을 앉혀 놓고 누군가는 그림책을 읽어 주고, 누군가는 게임을 진행하고 누군가는 도시락을 먹기 좋게 배열해 주었다. 봄비 오는 날, 우리의 첫 나들이는 이렇게 정겨웠다. 잔잔한 일상은 이렇게 이어졌다.

  어느 날 갑자기, 학교에 갈 수 없게 되었다. 그림책 읽기 활동을 할 수 없었다. 코로나가 세계를 잠식하면서 가장 먼저 폐쇄된 곳이 학교였다. 금요일 아침이면 그림책을 읽어 주던 일상의 자리에 공백이 생겼다. '시간에 정이 들었다'는 말을 이럴 때 쓰는 걸까 싶을 정도로 마음에 공백이 서려 왔다. 그림책 읽어 주기가 끝나고 이어지던 잠깐의 티타임은 선물 같은 시간이었는데 그 시간이 못내 서운했다. 주된 활동이 사라진 이야기 선생님 모임은 힘이 빠졌다. 그런데 힘이 빠진 모양새가 누군가의 제안으로 금세 회복되었다. "교육청 예산을 지원받으며 학부모 동아리로 지속해 가자!" 그렇게 그간 쌓아 놓은 시간의 믿음을 확인하듯 모두의 동의로 학부모 동아리 '엄마의 책방'이 만들어졌다. 자녀들의 학부모 모임에서, 스스로 자립

하는 양육자의 독서 모임으로 변화하는 것에 주저함이 없었다. 한 해 동안의 계획을 함께 세우고 듣고 싶은 강연의 강연자를 섭외하고 읽고 싶은 책을 공동으로 살피며 사유를 깊이 있게 배열했다. 우리는 더 이상 학교에 들어가지는 못했지만 그 언저리에서 만나 인문학적 사유를 통해 만났다.

교육청에 지원했던 지원서의 일부분이다.

> 백록 초등학교 2019학년도 책 읽어 주는 '이야기 선생님' 프로그램(주1회 본교 1학년, 2학년 학생들에게 그림책을 읽어 주는 학부모 봉사활동)을 통해 자발적으로 그림책 공부 모임을 지속합니다. 학생들이 책에 대해 흥미를 느끼고 좋은 책을 접하게 해 줄 수 있는 기회와 전문성을 확보하기 위해 2020년 학부모 독서 동아리를 구성하여 어린이책 공부와 실천을 균형적으로 실행해 봅니다.
>
> 1) 본교의 이야기 선생님과 사서 도우미 선생님을 중심으로 학부모 독서 동아리를 활성화하여 일상에서의 책 읽는 분위기를 진작시키고 많은 학부모님들의 참여를 도모하여 부모님

의 책 읽기, 학생의 책 읽기로 연결되는 건강한 책 읽기 문화를 확산할 수 있습니다.

2) 삶의 본질로서의 책 읽기로 가치 전환

독서교육에 좋은 뜻을 품고 있는 작가님을 초청하여 공부 모임을 지속합니다. 이를 통해 높은 학업 성적과 학업 효율성을 위해 수단으로 변질된 책 읽기 문화에서 삶의 본질로서의 책 읽기로, 좋은 사람이 되기 위한 책 읽기로 가치 전환을 도모할 수 있습니다. 과열된 사교육과 교육열을 제고하고 지속 가능한 책 읽기에 대해 생각합니다.

3) 우리 창작동화 공부

No	공부 계획	책 제목	작가	페이지 수	출판사
1	4월	꺼벙이 억수	윤수천	55	좋은어린이책
		3학년 2반 얼짱 소동	강경수	84	위즈덤하우스
2	5월	최기봉을 찾아라	김선정	88	푸른책들
		하룻밤	이금이	96	사계절
3	6월	화장실에 사는 두꺼비	김리리	99	문학동네
		잘한다 오광명	송언	104	문학동네
4	7월	일수의 탄생	유은실	124	비룡소
		꼴찌 없는 운동회	고정욱	128	내인생의책

5	8월	먹구렁이 기차	권정생	160	우리교육
		자전거 도둑	박완서	184	다림
6	9월	너하고 안 놀아	현덕	186	창비
7	10월	마당을 나온 암탉	황선미	200	사계절
8	11월	초정리 편지	배유안	214	창비
9	12월	짜장면 불어요	이현	225	창비

따뜻한 말 그릇을 담은 우리 창작동화 책을 공부하고 본교 도서관에 <우리 창작동화>를 주제로 전시를 하여(4월, 9월) 학생들에게 자연스러운 책 읽기를 독려할 수 있습니다. 이를 통해 맑은 어린이들의 마음을 살피고 우리말, 우리 문화에 대한 정체성을 살핍니다.

다시 돌이켜 읽어 보니 몹시 비장한 계획서였다. 비장한 줄 모르고 작성했던 계획서였지만 계획서를 만들기 위해 머리를 맞대고 고민했던 시간들이 코로나로 벌어진 틈새를 채울 수 있었다. 요원한 세상에서도 앞으로 일어날 좋은 일을 믿고 가는 구성원들에게 건강한 힘을 받았다.

여름 콩국수의 맛

　　　　　　몇 년 후면 다시 학교로 돌아가야 하는 육아 휴직자인 나는 여러모로 애매한 사람이었다. 워킹맘도 아니고 전업맘도 아닌 한시적 휴직자, 어느 틈에도 끼지 못했다. 새 학기가 시작되는 봄에는 어린이들의 등교와 동시에 엄마들도 방학 동안 움츠러들었던 만남을 재회하기 때문에 동네 카페나 식당은 인산인해였다. 휴직 후 유유자적한 시간을 보내는 것도 하루, 이틀이면 충분했다.

　한번은 학부모 모임에 나간 적이 있는데 교사이고 휴직 중이라는 것을 이야기하자 화기애애했던 분위기가 갑자기 반듯해진 적이 있었다. 엄마의 세계에서 휴직자 교사는 공공의 적이 될 수도 있는 존재, 또는 말 안 통하는 꼬장꼬장한 선생이라는 감각을 갖게 만들었다. 여럿이 모여 근사한 카페에서 브런치를 먹으며 수다도 떨고 싶은데 일정이 없었던 나는 혼자서 책을 들고 카페에 가기도 했다. 그럴 때면 두런두런 수다 떠는 옆 테이블에서 흘러나오는 이야기에 웃다가 민망한 적이 한두 번이 아니었다.

지루했던 봄이 지나가고 여름의 초입, 하릴없이 일상을 보내던 내게 이야기 선생님 모임에서 알게 된 언니가 문자를 보냈다.

"영아씨, 내일 점심 때 우리 집에서 콩국수 먹으려는데 점심에 시간 되면 넘어오세요."

다정함을 머금은 메시지였다. 왠지 엄마 세계에서 일인분을 차지한 것 같아 기뻤다. '여름날에, 콩국수라…….' 친정 엄마가 해 주는 콩국수, 학교급식에서 먹었던 콩국수를 제외하고 다른 콩국수를 먹어 보지 못한 나로서는 호기심과 존경심이 생겼다. 긴장을 많이 했는지 약속 날

짜를 되뇌며 그날을 기다렸다.

  평일의 낮 시간, 낯설지만 새로운 시간으로의 초대였다. 함께 둘러앉아 콩국수를 후루룩 말아 먹는 모습이 좋았다. 자연스레 콩국수 만드는 이야기가 나왔다. 콩을 불려서 갈면 끝이라며 간단하게 설명했지만 콩을 불리고 가는 일이 어려운 나는 마냥 신기했다. 살얼음이 담긴 콩국수와 깍둑 썬 수박을 머리를 맞대고 먹었다. 그날의 공기와 온도가 생생하게 기억나는 것을 보면 그때의 기억이 엄마들의 품으로 자분자분 들어가게 했던 전경인 것 같았다.

  알고 보면 다들 사회적 역할을 충실히 한 시기가 있었을 테고, 결혼을 하고 육아라는 다른 세계로 진입하면서 녹록치 않은 육아와 직장의 양립을 지속해 왔을 것이다. 그 과정에서 아쉽게 또는 후련하게 일을 그만두고 아이들의 곁을 지켰을 것이다. 무슨 전공을 했는지, 어떤 일을 했었는지, 무슨 커리어가 있었는지 전혀 모른 채로 누구누구의 엄마로만 알다가 편안한 틈이 생겨 자기만의 서사를 꺼냈다. 콩국수를 앞에 두고 서로의 존재가 보이기 시작했다.

"나도 왕년에는……"으로 시작하는 언니, 동생들의 서사를 들으며 다양한 인생사를 짐작해 봤다. 아이들의 유년 시절 곁에 있지만 채워지지 않는 사회적 갈증을 먼발치에서 지켜보는 아름다운 언니, 동생들.

몇 해가 흐르고 어느 겨울날에 여름 콩국수 빚을 갚고자 우리 집에 모여 간단한 점심 식사를 하기로 했다. 오랜만에 연락을 취했다. 누군가는 초등학교 수학 보조 선생님으로 일을 한다고 했고, 누군가는 방과후수업 선생님이 되었고, 또 누군가는 학습 보조 도우미가 되었다고 했다. 새로운 일을 시작한다는 소식을 전하는 목소리가 떨렸다. 모두 아쉬운 만남의 재회를 이야기하며 마음을 보내겠다고 전했는데 나는 코끝이 찡했다. 그들의 행보를 응원하면서 한편으로는 서글픈 마음도 들었다. 여성으로서, 엄마로서 자리매김하는 곳은 돌봄의 구멍 난 영역이어야만 할까 이런저런 생각을 했다. 시간이 되는 몇몇 언니들과 함께 자리에 앉았다. 따뜻한 스프와 샌드위치를 준비했다. 그날의 콩국수 빚을 갚는 마음으로 커피도 정성스럽게 내렸다.

어린이들의 세상에서 내가 보고 배우고 느낀 것은 삶에 대한 자각이었다. 급행열차를 탄 것처럼 높은 목적을 향해 달려야 하는 버거운 어린이들의 세상이 그랬고, 반쪽이 단절된 삶 속에서 각자의 품위를 지키며 애쓰는 여성의 삶이 그랬다. 각자 흩뿌린 듯 흩어져 서로의 자립과 존재를 고민하는 나날이었다. 시간은 유유히 흐르고, 어린이들은 커 가고, 유리 천장이 아닌 육아 천장으로 사방이 막혀도 세상을 돌파하는 힘으로 살아가는 여성들의 삶에 응원을 보낸다. 꿈이 있는 엄마와 어린이들, 꿈을 잠시 내려놓은 엄마와 어린이들, 꿈을 향해 묵묵히 걸어가는 엄마와 어린이들을 보며 나도 아프게, 기쁘게, 뜨겁게 파도를 넘어서며 살 것이라는 생각을 더 해 본다.

에필로그

우리들의 다정한 공동체를 위하여

 어느덧 나는 복직을 했고 어린이들은 열 한 살이 되었다. 복직을 한 첫날 운전을 하고 학교로 가는데 눈물이 조금 흘러나왔다. 보이기도 안 보이기도 하는 순간도 있었다. 일종의 부유감 같았다. 눈부신 어린이들의 세상에서 빠져나온 내게는 산도를 지나서 바깥에 나온 순간의 눈부심 같은 것이었다. 눈이 많이 쌓인 한라산 중턱에서 함께 썰매를 타고 내려왔을 때의 하얀 눈부심 같은 것처럼 말이다.

 집 앞에 동백나무가 있었다. 동박새가 날아들어 우듬지

에 앉아 소리를 내고 있었고, 그 모습을 물끄러미 바라보는 어린이가 곁에 있었다. 두 모습을 바라보는 내가 있었다. 주말 아침이면 이렇게 서로가 서로를 바라보는 때가 많았다.

어린이의 세상이 자연과 닮았다는 생각을 한다. 해가 뜰 때 곰실곰실 자세를 바꿔 가며 자다 금세 일어나고, 해가 지는 어스름이 다가오면 눈이 감실감실 감기는 어린이다. 칭얼대는 날 다음에는 어김없이 비가 온다. 아무래도 해와 같은 미소를 머금는 어린이들은 어쩌면 자연의 원형이 아닐까. 이렇게 나는 아이들과 유년 시절을 함께하며 자연과 함께하는 방법을 배웠는데 자연의 모습이 그렇기에 어린이가 어른보다 더 지혜롭다는 것을 깨닫는 나날이기도 했다.

요즘도 어린이들과 책 읽기를 하냐고 사람들이 내게 묻는다. 책 읽기를 지속한다는 이야기를 전하면 놀랍다는 말을 건넨다. 어떻게 공동체를 만들고 수업을 진행하는가에 대해 궁금해 하고 그 지점에서 대단하다는 말을 많이 듣는데 내가 아쉬운 것은 감탄의 지점과 방향이다. 어린이들에게 어떻게 하면 재미를 포착하게 하고 그것을 지속시켜 줄까에 대해 고민하는 마음에 대한 감탄이 더 필요하다고 생각한다. 배움의 우연성이나 생각지도 못한 배움의 입구와 출구를 만나게 하는 것에서 어린이들은 지적 고양을 느끼기 때문이다. 더 재밌게 더 가뿐하게 책을 옆에 두고 낙관을 기대하며 살아갈 수 있게 어른들이 도와주면 좋겠다.

"나무에서 아름다운 것들을 한 움큼씩 가득 얻어 힘든 시절에 쓸 수 있게 보관할 수만 있다면"이라는 헤세의 말처럼 찬란하고 아름다운 아홉 살의 유년 시절에 다정한 것들을 한 움큼씩 가득 얻어 힘든 시절에 쓸 수 있다면 좋겠다. 호주머니에 넣어 둔 그 기억이 힘들 때 마법 가루를 뿌리듯 어린이들에게 길이 되고 빛이 되었으면 좋겠다.

평생 바다 옆에서 살았지만 여전히 바다가 아련하고 좋다. 유년 시절을 흘려보내며 살았지만 여전히 그리운 때가 유년 시절이다. 어린이들이 그 시절을 충분히 만끽하며 사는 것에 어른이 나서 주면 좋겠다. 오늘 있을 일을 몇 번씩이나 되물으며 상상하는 어린이들은 같은 시간을 몇 번씩이나 살아가는 존재다. 곧은 길을 질러가는 시간보다 조금 헤매는 시간도 가지면서 헤매며 돌아다닌 울퉁불퉁한 길이 자기 땅이 될 수 있다는 낙관도 어른이 내어주어야 할 자리다.

나를 '먼지'라고 부르며 함께 우정을 쌓아 준 방구석 그림책 어린이들 서현, 현우, 진석, 여름, 준우에게 존경의 마음을 보낸다.

"방구석 그림책 모임은 제 인생에서 가장 유쾌했던 시간이었어요. 저야말로 그 시절의 이야기를 호주머니에 담아 힘들고 지칠 때 꺼내 보고 있답니다."

매주 금요일, 어린이들의 손에 간식을 들려 보내며 모두의 엄마가 되는 것에 응원을 보내 준 여름이 엄마, 준우 엄마, 이야기 선생님들에게 감사한 마음을 전한다. 고양된 슬픔을 관통했던 나날에 서로가 서로에게 힘이 되어 주기 위해 노력했던 가족들과 그리운 은향 언니에게 정말 사랑한다는 말을 전하고 싶다.

아홉 살 방구석 그림책
수다에 낀 엄마 성장기

그림책으로 만난
어린이 세계

초판 1쇄 발행 2022년 4월 25일

지은이 강영아

발행인 송진아
편 집 아이펑크
디자인 권빛나
제 작 제이오
펴낸 곳 푸른칠판
등 록 2018년 10월 10일(제2018-000038호)
팩 스 02-6455-5927
이메일 greenboard1@daum.net

ISBN 979-11-91638-07-3 03370

* 이 책은 저작권법에 따라 보호를 받는 저작물이므로 무단 전재와 무단 복제를 금지하며, 이 책의 전부 또는 일부를 이용하려면 반드시 저작권자와 푸른칠판의 서면 동의를 받아야 합니다.
* 책 값은 뒤표지에 있습니다.